JN220405

ずるい勉強法

エリートを出し抜く
たった1つの方法

佐藤大和
Yamato Sato

ダイヤモンド社

「ずるい勉強法」とは……

つまるところ、
こういうことです！

はじめに

勉強法を変えたときから結果が出るようになった！

かつて私は、何をやっても結果の出ない子どもでした。

小学5年生まで九九もできず、高校時代の成績は不名誉にも偏差値30の学年ビリ。家は貧乏なヤンキー一家でしたし、スポーツも苦手で、女の子にもモテず、とにかくすべてにおいてダメダメな子どもだったのです。

そんな私が、今では弁護士となり、法律事務所を経営し、メディアに出演してドラマの監修もしています。子どもの頃は人前で話すこともできなかったのに、テレビ番組でコメントし、セミナーも開催しています。

今の私が言えることは、勉強も仕事も、どんなに頑張っても、その過程は評価されません。目に見える結果を出さない限り、残念ながら報われないのです。

頑張りが評価されるのは、せいぜい中学校を卒業するまでです。

社会で常に求められるのは、「結果を出すこと」です。試験なら、合格すること。そして社会に出てからは、営業成績を上げる、組織のリーダーになるなど、人から評価され、「成功すること」です。

偏差値30の学年ビリだった私が、弁護士の本業以外にもさまざまな仕事をさせてもらえるなんて想像もしていませんでした。なぜ、ダメダメな私は変われたのでしょうか？

それは、今までやってきた勉強法を捨て、新たな勉強法を自分で編み出したからです。

新たな勉強法とは、「答えを暗記する」方法です。通常なら、問題を解いて答えを確認しますが、私は、「答えを見て暗記し、問題を見て答えを思い出す」というやり方に変えました。

試験では、正しい答えを書くことができれば、合格できます。たとえそのときは理解していなくても、覚えた答えを書いて合格さえしてしまえば、あとから理解する時間はいくらでもあります。私は、第1章で紹介する暗記術を用いて、短期間の勉強で、司法試験に一発合格できました。

社会に出たあとこそ活かせる最強の暗記術

みなさん、気づいていながらも言葉にしていませんが、試験に合格することで仕事が手に入るわけではありません。ましてやお金を稼げるわけでもありません。試験に合格しないとスタートラインに立てないだけで、あくまで試験は通過点にしかすぎないのです。

社会に出て結果を出すためには、さまざまなハードルをクリアしなければいけません。社会に出れば、今までのような同学年を中心とした同世代だけとの争いではなく、社会に出ている人、全員がライバルになります。自分より頭のいい人なんていっぱいいます。一流大学出身の人なんて、わんさかいます。

そのなかで生き抜くためには、人一倍努力して、いっぱい働いて、「石の上にも三年」とやりたくもないことをひたすら頑張っていればいいのでしょうか。

それは違います。人生において大事な「学び方」を変えればいいのです。

人生において大事な勉強だからこそ、うんとラクをしないと続けられません。そこで、「覚える→思い出す」の暗記術を社会に出てからも活かすのです。

私の暗記術は、試験に合格することに特化した画期的な方法として受け入れられた一方で、「合格できても社会で結果を出せないのでは」といった批判もありました。

しかし、**答えを暗記するこの方法は、社会に出てからのほうが効果的に使えるのです。**

むしろ、社会人にこそ必要なスキルと言っても過言ではありません。

試験における「答え」に相当するのは、先人たちの「成功」です。答えを暗記するように、それらの成功を丸覚えして真似ることで、ゼロから始めるよりも効率よく、そして確実に結果を出すことができます。

「自分の頭で考えろ」という言葉をよく聞きますが、多くの人は「考えなくてはいけない」という意識にしばられすぎています。私からすると、考えようとするあまり、かえって迷宮に入り込んでしまっているように見えます。

何もない、まっさらな状態から考えていたのでは、労力も時間もかかります。失敗する可能性も大いにあります。それでは結局、遠回りになってしまいます。

最初は、ものまねでいいのです。それを繰り返しているうちに、得た知識は自分の血肉となり、経験となって刻まれていきます。そこからオリジナリティも生まれてきます。

よく個性や自分らしさを強調するために、アレンジを加える人がいますが、それも違います。先述した暗記術には、アレンジはいりませんよね。

とにかく答えをそのまま、真似ればいいのです。

この「ものまね」こそが、本書『ずるい勉強法』の極意です。

アリでもキリギリスでもなく「バッタ」になれ！

社会で結果を出すことは重要です。

そのためにも、仕事や勉強は効率的にやるべきです。

世間では、「もっと時間をかけろ」「努力しろ」と言われますが、それは間違いです。時間をかけなくても、努力しなくても、結果を出せる勉強法があるからです。

イソップの寓話「アリとキリギリス」では、遊んでいて働かないキリギリスと、コツコツと働いて食料を蓄えるアリが対比的に描かれていますが、私は、アリでもキリギリスでもなく、「バッタ」になりましょうと声高に叫びたいのです！

バッタが飛び跳ねるように、無駄な努力や過程を軽々と飛び越えて、短い時間で成果をものにするのです。そして、余った時間を思い切り遊びに使いましょう。そうすることで、人生はより豊かになります。

そして、どんなエリートも飛び越えて、一足飛びに成功に近づくことができます。

本書は、次のように構成されています。

第1章は、暗記術のノウハウです。ここで、暗記術のベースをつかんでおくと、「真似る」コツが頭に入りやすくなります。

第2章は、「本」から、第3章は、「人」から、知識や経験を真似る方法をお伝えしています。

第4章は、やる気を継続させるためのテクニック、第5章は、時間術を使った効率的な勉強方法を取り上げます。

短い時間で、ラクをしながら最大の結果が得られるのが、「ずるい勉強法」です。

みなさんも、ぜひこの本を読んで「ずるい!」と人からうらやましがられるような成功を手に入れてください。

ずるい勉強法　エリートを出し抜くたった1つの方法　目次

序章

一生しなくてはならない勉強だからラクしたい！……21

第1章

勉強するなら、「暗記」が一番の近道である

第2章 10年で得られる成功ノウハウを1分で得る技術

第3章

自分で答えを出さずに人から得た知識で成果を出す

第5章

圧倒的に作業を短縮する時間術

序章

一生しなくてはならない勉強だからラクしたい！

試験は「学び」を試される場であって、「真似る」を披露する場でもあった

人生には、ありとあらゆる「試験」の場があります。

高校受験や大学受験、就職試験、資格試験、語学試験……。現代社会は、試験なしでは成り立ちません。今、この本を手に取っている人のなかで、生まれてから一度も試験を受けたことがないという人は、おそらくいないでしょう。それだけ、試験は人生と密接な関わりがあります。

では、この「試験」とは、いったい何でしょうか？

多くの人は、「これまで勉強してきたこと、学んできたことを試される場」だと答えるでしょう。確かに試験は、「点数」という客観的な評価を通して、自分の到達点がわかります。一定以上の点数を獲得して試験に合格することができれば、また次のステップへと進むことができます。

しかし、試験とは、単に「学んだこと」を試されるだけの場ではないのです。

「学ぶ」という言葉の語源は、「真似ぶ（真似る）」だと言われています。

古今東西、言葉も、スポーツも、楽器の演奏なども、すべて最初は自分よりもうまい人を真似ることから始まっています。学校の勉強も、教科書や参考書に書いてあること、つまり、先人たちの知識や経験、研究結果などを真似しているにすぎません。

人のやっていることを真似し、経験を積んでいくうちに、やがてそれは自分のものになります。それこそが「学び」です。

つまり、**試験は、「学び」を試される場であり、「真似る」を披露する場でもある**といえるのです。

人生は、さまざまな「学び」から成り立っています。

言い換えれば、**人生はすべて真似ることからスタートしていると言っても過言ではない**のです。

試験で求められる2つのこと——覚えてきているか、思い出せるか

これまで私が受けてきた試験のなかで、最も難関だったのは、言うまでもなく司法試験です。私は、その司法試験に短期間の勉強で一発合格することができました。

しかしながら、私は、決して優秀な子どもではありませんでした。

貧乏なヤンキー一家に生まれ、小学5年生まで九九も覚えられず、高校では偏差値30の学年ビリ。髪を金髪にして不良仲間と遊び、二浪の末、奇跡的に地方の国立大学に入学しました。いわばどうしようもない「落ちこぼれ」でした。

とはいえ、決して勉強してこなかったわけではありません。ある程度、勉強はしていたのに、結果が出なかったのです。

そんな私が、なぜ司法試験に合格できたのでしょうか？

理由はただ一つ。**勉強法を変えたから**です。**いくつかの勉強法を研究し、自分なりに**

試行錯誤して、結果を出せる勉強法を編み出したからです。

前述した通り、試験は、先人たちの知識や経験をいかに真似して、それを披露できるかが問われる場です。つまり、**真似したことを覚えてきているか、思い出せるかが結果を左右します**。

そこで私は、この「真似る」という発想から、試験の過去問をひたすら真似る、つまり「暗記する」という方法を思いつきました。みなさんは、教科書や参考書を読んで理解することから始めるのが勉強だと思っているでしょう。しかし、それでは理解するまでに膨大な時間を費やしてしまいます。

試験に出る問題のほとんどは、過去問の焼き直しです。極端な話、理解していなくても、答えさえ覚えて、それを試験で解答用紙に書くことができれば、合格できます。

覚えたことを記憶にとどめ、引き出す仕組みをつくる。たったそれだけで、どんな試験も突破できるのです。

そして、社会で求められるたった1つのこと――結果を出せるか

真似したことを覚えて、思い出しさえすれば、試験には合格できます。しかし、それはゴールではありません。むしろ、これから進む道のスタート地点です。

ところが、多くの人は、試験に合格するとそれで満足してしまいます。「やっと受かった!」と喜び、今まで続けてきた勉強をそこでやめてしまいます。それでは、せっかく学んだことを忘れてしまい、自己成長することもできません。

試験で求められるのは合格することですが、社会に出てからは何が求められるのでしょうか?

それは、「結果」です。

結果とは、会社での昇進や資格の取得、組織のトップに立つ、人から評価される、お金を得るなど、何らかの「成功を得る」ことです。たとえ東大卒でもハーバード大卒でも、どんな高学歴であっても、社会に出て結果を出せなかったら意味がないのです。逆にいえば、**三流大学卒でも、結果を出しさえすれば人から評価される**のです。

私自身、二浪して地方の国立大学にギリギリ入れたくらいですから、決して人にいばれるような経歴ではありません。ですが、大学に入ってからも、勉強を続け、弁護士になるという夢を実現しました。今では、自分の法律事務所を経営し、メディアに出演し、ドラマの監修もし、本も執筆しています。社会で結果を出せれば、いくらでも逆転可能なのです。

考えてもみてください。**学生時代は、人生のなかのほんの一瞬です。社会に出てからの時間のほうがはるかに長い**のです。

だからこそ、社会人になっても勉強は必要です。そして、その**勉強法さえ工夫すれば、学歴に関係なく、じゅうぶん勝ち抜くことができる**のです。

結果を出すためには、成功から学ぶのが近道

社会で結果を出すためには、やはり勉強しなくてはなりません。これは、もはや誰もがわかっていることでしょう。それなのに、勉強を続けられない人が多いのは、なぜでしょうか？

「時間がないから」「面倒だから」「大変だから」……多くの人が、言い訳ばかりで勉強しようとしません。

でもその一方で、本当は気づいているはずです。

勉強さえすれば、人生を変えられる、ということに。

「勉強は大変だから続けられない」と言うみなさん。もし、ラクして結果が出る勉強法があったら、どうしますか？　すぐに飛びつくのではないでしょうか？

一生しなくてはならない勉強だからこそ、ラクでないと継続できません。楽しくない

と、長続きしません。

そんな勉強法が、ここにあります。

それは、「真似る」勉強法です。

先ほどから、「学び」は「真似る」ことだとお話ししてきました。世の中のすべては、真似ることから始まっています。

勉強も、結果を出したいのであれば、真似ることからスタートするべきです。先人たちの知識やノウハウ、つまり「成功」を真似て盗むのです。

すでに結果が出ている成功を真似るわけですから、**自分でゼロから考えるよりも早く結果を出すことができます。**一気にゴールまでの距離を縮めることができるのです。

あとは、**結果を出しながら、自分のものにしていけばいい**のです。

小さい頃から当たり前のように大人の真似をしてきたのに、ある時期を境に途端にやめてしまいます。でも、学びの本分は真似ることです。成長に限界を決めるのは自分です。限界を決めないためにも、効率的な学びのサイクルをつくればいいのです。

結果が出ない勉強法ならすぐに変えるべき！

結果を出すためには勉強が必要ですが、多くの人は、結果が出ていないにもかかわらず、自分の勉強法に固執しがちです。

なぜなら、それがラクだからです。その勉強法が体に染み込んでいて、考えなくてもできるからです。

たとえば、間違った箸の持ち方をしている人は、その持ち方なりに器用に食べ物を口に運びます。正しい箸の持ち方があるのはわかっていても、もう自分の持ち方に慣れてしまい、そのほうがラクなので、なかなか変えようとしません。

勉強法もそれと同じで、もっといい勉強法があるとわかっていても、一度慣れてしまった勉強法のほうがラクなので、ついそれに固執してしまうのです。

しかし、それは本当のラクではありません。自己満足なラクであり、自分をダメにするラクです。

浪人時代、私は、数学の教科書をノートに丸写しするという勉強をしていましたが、センター試験の結果は40点にも満たない悲惨なものでした。二浪し、膨大な時間をかけたのに結果が出ない、自己満足な勉強にすぎなかったのです。

また、大学で非常勤講師をしていたとき、こんなことがありました。

私の受け持ったクラスでは、真面目な生徒はいちばん前の席で授業を受け、黒板に書かれた内容を真剣にノートに写していました。一方で、不真面目な子もいて、授業にはあまり出ず、出ても携帯電話をいじっていて、勉強しているようには見えませんでした。

ところが、定期試験が終わってみると、不真面目な子のほうが成績がよかったのです。聞いてみたところ、ノートはとっていないけれど、レジュメを何回も見直していたそうです。真面目な生徒は、ノートをとることそれ自体が勉強になってしまい、内容が頭に入っていなかったのだと思います。

時間をかけたのに結果の出ない勉強法と、効率よく結果の出る勉強法の差が歴然と表れてしまったのです。

結果の出ない勉強法は今すぐ捨て、結果の出る勉強法に変えましょう。そして、その**結果が出る勉強法を習慣にしてしまえばいい**のです。そうすれば、何も考えず、ラクに続けることができます。

人が本気で努力したことは、必ず成し遂げられます。それができないとしたら、やり方が間違っているのです。**正攻法ではないけれど、ラクしてできる勉強法を身につけ、継続していけば、必ず結果が出る**はずです。

エリートを出し抜くことができる唯一の方法が「勉強法」である

東大卒、京大卒など、学歴を聞いただけで、「自分なんかダメだ」と萎縮してしまう人もいるでしょう。

そんな必要はまったくありません。

努力しなくてもすぐ理解できてしまうような本当に頭のいい人たちは、実はごく一握りしかいません。高学歴の人たちのほとんどは、努力して勉強し、結果を出したのです。

ならば、**凡人も結果の出る勉強法を身につければいい**だけです。

それも、ほんの少しの労力と時間で、驚くほどの知識を自分のものにできるような勉強法を。


そんな魔法のような勉強法とは、これまでもお話ししてきた「真似る」勉強法にほかなりません。真似ることとは、すでに世に出た多くの天才たちの知識や経験、ノウハウを自分のものにできるということです。言ってみれば、何人ものエリートを自分のなかに取り込んでいるようなものです。たった一人で、何百人もの知識や経験を持っているわけですから、これほど強力なことはありません。


「真似る」勉強法の教材は、無数にあります。

試験なら、「過去問」です。暗記した答えを試験で出せれば、必ず合格します。

また、「本」には、歴史上の偉人から現代の経営者に至るまで、ありとあらゆる成功者の知識が詰まっています。その本の内容を真似れば、先人が10年かけて会得したノウハウを1分で取り込むことも不可能ではありません。

ノウハウは、「人」からも学べます。人脈があっても、それを活かさないと意味がありません。成功した人から情報を得て、自分のものとして実践していくのです。

自分一人ですべてをゼロから始めようとすると、時間も労力もかかるうえに、失敗する可能性も少なくありません。

すでにある成功を使えば、時間も労力も節約でき、失敗するリスクも減らすことができます。

効率よく「真似る」ことこそ、結果を出すための最強にして最短のルートです。

この勉強法をマスターしさえすれば、どんなエリートも怖くありません。

ラクをしながらも彼らを出し抜き、社会で成功することも夢ではないのです。

第1章

勉強するなら、「暗記」が一番の近道である

「真似る」のに才能はいらない。「暗記」なら誰でもできる

世の中には、星の数ほど、さまざまな勉強法が存在します。しかし、どんな勉強法も、結果を出せなかったらまったく意味がありません。

私がこの本で提唱する勉強法は、**結果を出すことはもちろん、「ラクをしながら続けられる」ことに大きな利点があります。**

「ラクして結果を出せる」のが、この「ずるい勉強法」なのです。

そして、その根幹にあるのは、「真似る」ことです。

そもそも勉強とは、「学ぶ」ことです。「学ぶ」という言葉は、「真似ぶ（真似る）」という言葉が語源になっていると言われています。小さな子どもが大人を真似て言葉を覚えていくように、あらゆるものごとは、真似ることから始まっているのです。

「そうは言っても、人がやったことを真似るのはよくないのでは」「自分でちゃんと考

えなくてはいけないんじゃないか」と思う人もいるでしょう。

決してそんなことはありません。

たとえば、初代ドイツ帝国の宰相ビスマルクは「愚者は経験に学び、賢者は歴史に学ぶ」という名言を残しています。自分自身の経験から学ぶよりも、歴史、つまり先人たちの知識や経験から学ぶほうが頭のいいやり方だという意味です。

ビジネスの世界でも、ソフトバンクの孫正義社長が、米国ですでに成功したビジネスモデルを日本に持ち込んだ「タイムマシン経営」で成功したのは有名な話です。

まったく何もない状態から考えていたのでは恐ろしく時間がかかりますし、何より限界があります。**すでに成功した事例を「真似る」ことは、最もラクで効率のよい方法**なのです。

「真似る」とは、試験勉強においては、「暗記」をすることです。

大多数の人は「教科書や参考書を読み、問題集を解き、そして答えを見る」という順番で試験に臨んでいることでしょう。でも、私のやり方は**「答えを見て、問題を見て、**

最後に教科書や参考書を読む」です。一般的な勉強方法とは、真逆ですよね。

ではなぜ、このやり方が有効なのか。ここで私自身の話をしましょう。

私は、小学5年生で九九もできず、高校の成績もダントツのビリでした。二浪の末、地方の国立大学に入学、4年生のときに弁護士を目指して法科大学院の試験を受けることにしたのですが、このとき、試験本番までわずか3か月。法学部でもなかったので、知識もほとんどないうえ、覚えなくてはいけないことが山のようにあり、問題を解いたり、参考書を一から読んだりする時間なんてありません。そこで思いついたのが、「時間がないなら、先に答えを見まくって暗記してしまおう！」という発想でした。

実は、多くの試験問題は「過去問」の焼き直しです。たくさんの答えを知っていれば知っているほど、出題傾向もわかり、より短い時間で問題を解くことも可能になります。

このやり方で、私は当時、超難関の法科大学院の試験を突破し、司法試験も民事系科目上位5％以内というトップクラスの成績で一発合格したのです。

社会において、試験の「過去問」にあたるのは、先人たちや成功者から得るさまざまな知識や経験です。

たとえば、営業の成績をもっと上げたいのならば、成績トップの人からやり方を聞き、自分も同じようにやってみることです。モテたければファッション雑誌を読んで服装やヘアスタイルを取り入れてみるのも、「答えを暗記する＝真似る」ことにつながります。

必要なノウハウを確実に真似るためには、暗記術のスキルを体得しておくことが重要です。まずはこの章で、暗記術のベースをマスターしておきましょう。

3分でわかる最強の暗記術

理解しようとして覚えてはいけない

勉強とは「理解すること」だと、多くのみなさんが思っているのではないでしょうか。
実際、理解してから覚えたほうがいいと書いてある本もたくさんあります。今まさに、その方法を実践している人もいるでしょう。
しかし、これは私に言わせれば、「半分正解、半分間違い」です。
いわゆるエリートは別にして、多くの人は理解しようとして挫折しがちです。なぜかといえば、まず、時間がかかるからです。

理解するまでにどうしてもある程度の時間を費やしてしまうため、ゴールにたどり着く前に耐えられずにやめてしまうのです。また、「理解すること」が高いハードルになってしまい、「難しい」「できない」という意識が生まれてしまうのも、挫折の原因となります。これが、私の思う「半分間違い」の部分です。

そして、「半分正解」とは、理解すること自体は正しいのですが、**「最初から無理して理解してはいけない」**という意味なのです。

ではどのようにやればいいのかを説明しましょう。

試験のある勉強の場合、最初は何も考えずに答えを見ていきます。そこに理解は必要ありません。「こんな答えが導き出されるんだ」くらいの気持ちで、パラパラと見るだけでじゅうぶんです。それに慣れてきたら問題を見て、さらに慣れてきたら今度は問題集や参考書を見ます。

これを**繰り返しているうちに、無理をしなくても、自然に理解できる**ようになります。

だから、最初から理解する必要はないのです。

前項でもお話しした通り、私はこの「答えから見る」というやり方で司法試験に合格しました。周りの名門大学の法学部の学生たちは、まず法律用語や条文、学説などを覚え、理解しようとしていましたが、結局不合格でした。

私が合格できたのは、理解を後回しにして、答えを覚えることを優先したからです。プライドが高い人ほど、理解することに固執する傾向が強いようですが、合格できなかったら、今までの努力がすべて無駄に終わってしまいます。その先の目標に向かうスタートラインにすら立てません。

最初から無理をせず、プライドを捨てて真似ることから始めるやり方のほうが、ゴールへの近道なのです。

試験以外の勉強の場合でも、理解しようとせず、まずは真似ることが大切です。スポーツを例にとってみましょう。サッカーでも野球でも、最初に名プレーヤーの技を理解しようとしたり、意味を考えたりする人はあまりいないでしょう。とりあえず、自分の体を使って真似てみる人が圧倒的に多いはずです。繰り返し真似ているうちに、

理解しようとせず、まずは真似る

× 理解しようとする

「難しい」「できない」という意識が生まれてしまう

○ 答えから見る

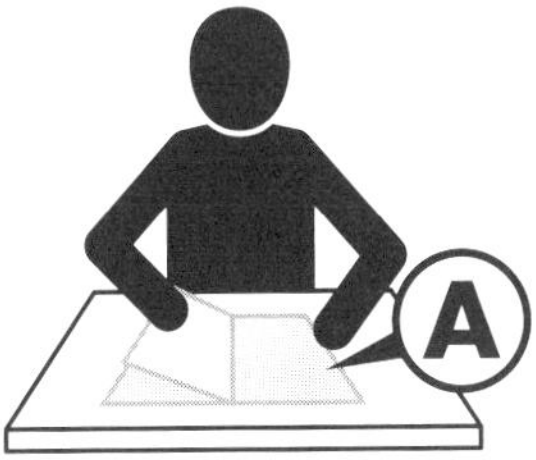

無理をしなくても、自然に理解できるようになる

最初から理解しようとすると挫折しがち。何も考えず答えから見よう。

だんだん「こういう体の使い方をしているんだな」とわかるようになってきます。それこそが、自然に理解できた瞬間です。一度理解してしまえば、もっと難しい技にも挑戦できるようになり、自分なりのオリジナリティも生まれてきます。

ノートに書こうとしてはいけない

小学校時代から、私たちは先生が黒板に書くことをノートにきれいに写すという作業を繰り返してきました。ほとんどの人が、「なぜノートに書くんだろう?」とわざわざ考えたことなどないくらい、当たり前に行ってきたのではないでしょうか。

ここでハッキリ言いましょう。

ノートは、いっさい必要ありません!

本来、ノートに書く目的は「記憶を定着させるため」です。ところが、多くの人にとっては、「ノートに書く」という行為そのものが目的になってしまっています。書いたことに満足してしまい、内容を覚えていないのです。しかも、ノートに何ページも文字を書くことは、とても時間がかかります。時間をかけたのに覚えていないとしたら、これはまったく意味のない勉強になってしまいます。黒板の文字を写すのであれば、写真を撮ればじゅうぶんです。

私の情けない失敗談をお話ししましょう。

大学二浪中のときのことです。数学が苦手だった私は、「よし、教科書を丸写しして覚えよう!」と思い立ち、ノートに書き写していました。マーカーで色分けし、コンパスや定規も使って、それはきれいなノートができたのですが、12月になってようやく気づきました。ノートにきれいに書くことに夢中になりすぎて、肝心の問題は一問も解けなかったのです。まさに、結果が出ないダメな勉強法の典型ですね。

そんな失敗を経て実践するようになったのが、**ノートではなく「メモをとる」**ことです。ダラダラと長く書くのではなく、**要点だけをサッと短い言葉で書くメモは、記憶に**

残りやすく、また、思い出しやすいのです。メモ帳を使わず、教科書や参考書に直接書き込むのもおすすめです。そうすると、必要な情報がその一冊に集約されるので、より覚えやすくなりますし、持ち歩くのもその一冊ですみます。

メモの有効性がわかる、こんなエピソードがあります。

私が大学院に通っていたときのことです。同級生のなかで圧倒的に成績がよかったのは、ノートをとらずにレジュメにメモ書きしていた学生でした。きちんとノートをとっていた学生もいましたが、ノートをとることに集中して先生の話はあまり聞いていなかったのか、成績はそれほどよくありませんでした。先生の話を聞きながら、大事なことだけをパッとメモするほうが、時間もかからず、内容も記憶に残りやすいのです。

メモを書くときのコツは、なるべく一言でまとめることです。**あとはそれを見て覚え、思い出す作業を繰り返します**。この「繰り返し」こそ、「暗記」に必要不可欠な要素です。

ノートはいっさい必要ない

ノートに書く

「ノートに書く」という行為そのものが目的になってしまう

メモに書く

メモは記憶に残りやすく、思い出しやすい

メモは要点だけを短い言葉で書く。教科書や参考書に書き込むのもよい。

時間をかけずに短く繰り返せばいい

「1日3時間は机に向かいなさい」

「もっと勉強する時間を増やさないと、いい点数とれないよ」

親や先生にこのように言われた経験はありませんか？


勉強も暗記も、時間をかければかけるほど成果が出るものだと、いまだに多くの人が盲信しているようです。しかし、本当はその逆で、**結果を出すためには、時間は短ければ短いほどいい**のです。

「そう言われてもピンとこない」と言う人のために、先に人間の脳の仕組みについて少しお話しします。


「エビングハウスの忘却曲線」というのを聞いたことがあるでしょうか。

人間は、覚えたことを20分後に42％、1時間後に56％忘れ、さらに1日後には74％も忘れてしまうという脳科学の実験データです。人間である限り、どんなに一生懸命覚えたことも、時間の経過とともに忘却してしまうのです。つまり、「人間は忘れる生き物」だということですね。

では、覚えたことを忘れないためにはどうしたらいいのでしょう？

答えは簡単です。**忘れる量よりも覚える量を増やせばいい**のです。そのために欠かせないのが「繰り返し」です。**忘れてしまった量がまだ少ないうちに、もう一度同じ勉強を短い時間で繰り返す**のです。これを何度か反復するだけで、記憶は確実に定着していきます。

私は、自分のセミナーで、よくこのように話をします。

「今日、1時間私の顔を見ていたとしても、1週間後にはおそらく忘れています。でも、たった2秒でも毎朝会って、それを30日繰り返したら、絶対に忘れません」

みなさんも、通学や通勤前に毎日見る朝の情報番組のアナウンサーの顔は覚えていると思います。でも、一度しか見ていない2時間スペシャル番組のゲストの顔は、おそらくすぐに忘れてしまいます。それは「繰り返し」を行っていないからなのです。

ただ勉強時間を長くするだけの勉強は意味がなく、むしろ害悪でしかありません。

「長い時間×勉強量」

ではなく、

「短い時間×回数×勉強量」

これが、「暗記」の鉄則です。

1日1時間勉強するよりも、15分を4回繰り返したほうが効果は圧倒的なのです。

時間をかけずに繰り返す

✕ 1時間だらだらとやってはいけない

○ 15分で学んだ箇所を4回繰り返したほうがいい

長い時間勉強するよりも短い時間で繰り返したほうが確実に記憶に残る!

たった5つのステップで最強の暗記術を身につける

「覚える」よりも「思い出す」を最優先にする

この章の冒頭で、「どんな勉強法も、結果を出せなかったら意味がない」とお話ししました。

結果とは、試験のある勉強においては、合格することです。どれだけたくさん暗記できても、その内容を試験で思い出せず、答えを書くことができなければ合格できません。試験勉強以外でも同じです。どんなに結果を出すコツを頭に入れても、そのコツを思い出して実践できなければ、結果には結びつかないでしょう。

つまり、**結果を出すには「覚える」よりも「思い出す」ことのほうが大切**なのです。

では、具体的に「思い出す」とはどういうことなのか、お教えしましょう。

「暗記をする」「真似る」という段階では、「答えを見る→問題を見る」とお伝えしました。

今度は順番が逆です。

「問題を見る→答えを思い出す」

できるだけ短い時間で、できるだけたくさんの答えを思い出せるようにするのです。

暗記術の最大の目的は、「答えを思い出すこと」です。

思い出す力を鍛えるためには、「スピードを意識する」「夜5分→朝5分の『思い出し』を繰り返す『記憶出し入れ術』」「時間の間隔を空けて思い出す『記憶引き出し術』」「1ページ1秒でパラパラ見る」「誰かと対話をする」という5つの方法があります。

次のページから、順を追って解説していきます。

①スピードを意識して思い出す

「最初の設問で時間がかかりすぎ、全部解けなかった」
「あと15分あったら最後まで解けたはずなのに」

試験を受けたことのある人なら、一度はこのような悔しい思いをしたことがあるのではないでしょうか。

時間が足りないがために、解けたはずの問題が解けないというのは、痛恨の極みです。**確実に結果を出したいなら、思い出すスピードを上げていくこと**です。

たとえば、試験時間が1時間なら45分でやってみる、1問1分かかっていたら、それを30秒で解けるようにするなど、思い出す時間をより短くしていきます。最終的には、問題を見た瞬間にパッと思い出せるようになることを目指してほしいのですが、もちろん、すぐにできなくてもかまいません。まずは、どれくらいの時間がかかっているのかを把握し、少しずつスピードアップしていきましょう。

このトレーニングを繰り返していけば、試験本番でたとえいつもより時間がかかったとしても、慌てることなく余裕をもって問題を解くことができます。

思い出すスピードを上げていく

STEP 1　時間を把握する

問題集の
試験問題を
解いてみる

STEP 2　時間を縮める

1時間の
試験なら、
45分で解くよ
うにしてみる

STEP 3　問題を見て、パッと思い出す

思い出す時間を
より短くしていく

日頃からスピードアップを心がけておくと試験本番にも慌てずに臨める。

す。

②夜5分→朝5分の「思い出し」を繰り返す「記憶出し入れ術」

暗記には「繰り返し」が大切だとお話ししましたが、思い出す作業においても同じです。

「人間は忘れる生き物」ですから、その日頭に入れたことはその日のうちに思い出さないと、ほとんど忘れてしまいます。

私が実践したなかで圧倒的に効果のあった方法は、夜5分→朝5分の「記憶出し入れ術」です。

夜寝る前の5分間に、その日覚えたことを箇条書きにし整理します。脳科学では「記憶は睡眠中に定着する」と言われていますから、この寝る直前のタイミングがベストです。

そして**翌日の朝5分間に、昨日覚えたことを、書いた内容を見ずに思い出すようにします**。思い出せなかったら、見てもかまいません。できないところはもう一度見直し、また思い出してみましょう。この「記憶出し入れ術」を繰り返すことにより、徐々に思い出す力が養われ、記憶もさらに定着していくようになります。

記憶出し入れ術

夜5分で、その日覚えたことを箇条書きにする

勉強内容と問題集や参考書のページを記す。
タイトル、概要、項目と順に掘り下げて書く

朝5分で、寝る前に書いた内容を見ずに思い出す

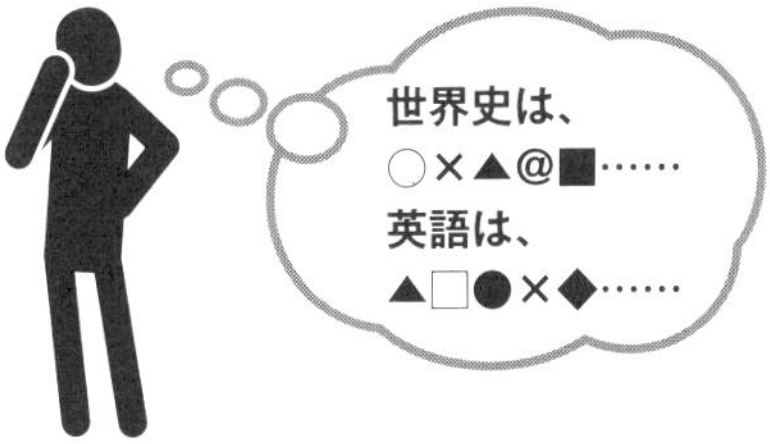

メモは極力見ないようにして、前日の勉強内容を
頭のなかで思い出すようにする

思い出せなかったら見直し、また思い出す。この繰り返しで記憶も定着。

③時間の間隔を空けて思い出す「記憶引き出し術」

夜5分↓朝5分の「記憶出し入れ術」の場合、思い出すまでの時間は、睡眠時間にもよりますが、だいたい8時間くらいでしょう。

次はこの間隔を1日、2日、3日……と、少しずつ長くしていきます。たとえば、水曜日に勉強したことを夜寝る前の5分間に書き出し、木曜日の朝5分間に思い出したら、次は金曜日の午前中、その次は日曜日の午前中、次は翌週水曜日の午前中に思い出すのです。期間は、最長1週間を目安にしてください。思い出せない場合は、それを繰り返していきます。

思い出す作業をしなければすぐに忘れてしまうはずの「短期記憶」も、この繰り返しを行うことで、時間が経っても忘れにくい「長期記憶」になっていきます。

繰り返せば繰り返すほど、思い出す時間はどんどん短くなっていきます。最終的には、一瞬で思い出せるようになることも可能です。

間隔を空けても思い出せるようになったら、記憶が深く定着した証しです。そこまでくれば、もう滅多なことでは忘れず、記憶を早く引き出せます。

「記憶引き出し術」1週間早見表

	水 勉強A	木 勉強B	金 勉強C	土 勉強D	日 新規の勉強なし	月 勉強E	火 勉強F	水 勉強G
水	A-1 (夜5分)							
木	A-2 (朝5分)	B-1 (夜5分)						
金	A-3 (AM5分)	B-2 (朝5分)	C-1 (夜5分)					
土		B-3 (AM5分)	C-2 (朝5分)	D-1 (夜5分)				
日	A-4 (AM5分)		C-3 (AM5分)	D-2 (朝5分)				
月		B-4 (AM5分)		D-3 (AM5分)		E-1 (夜5分)		
火			C-4 (AM5分)			E-2 (朝5分)	F-1 (夜5分)	
水	A-5 (AM5分)			D-4 (AM5分)		E-3 (AM5分)	F-2 (朝5分)	G-1 (夜5分)
木		B-5 (AM5分)					F-3 (AM5分)	G-2 (朝5分)
金			C-5 (AM5分)			E-4 (AM5分)		G-3 (AM5分)
土				D-5 (AM5分)			F-4 (AM5分)	
日								G-4 (AM5分)
月						E-5 (AM5分)		
火							F-5 (AM5分)	
水								G-5 (AM5分)

8日間で5回の「思い出し」をする。繰り返すほど「忘れない記憶」に。

④1ページ1秒でパラパラ見る

速読の話かと思われるかもしれませんが、そうではありません。ポイントは「読む」のではなく「見る」ことにあります。

問題集や参考書を1ページ1秒くらいの速さでパラパラとめくっていき、**目に入ってきたワードの意味や答えを思い出していく**のです。見るワードは、1ページ1ワードに限定します。太字になっているもの、自分でマーカーをつけたものなど、重要なワードに絞りましょう。見て思い出せなくても途中で手を止めず、その場でサッと付箋をつけるだけにして、最後まで一気にめくります。あとから、付箋を貼ったワードの復習をします。

この方法は、思い出しのトレーニングであり、どれくらい早く思い出せるかのテストにもなります。慣れてくると、さらにスピードアップして見ることができるようになります。

たとえば、私の場合、1回目は横に付箋を貼り、2回目は上に貼り、色は3パターン用意し、重要度に合わせて使いわけます。

「読む」のではなく「見る」

1ページ1ワードに限定

付箋の貼る位置や色で重要度をわけていく

1ページ1秒を目安に最後までめくる。思い出せないワードはあとで復習。

⑤誰かと対話をする

学んだことを思い出す最良の方法は「人に教えること」だと言われています。覚えたことを言葉で説明できなければ、ちゃんと覚えたことにはなりません。頭のなかだけで思い出すよりも、確実に知識を身につける方法といえます。

まずは、**覚えた内容を整理してから、人に話してみましょう**。

他人の反応は予測がつきません。自分が自信を持って説明したことも「わからない」と言われるかもしれません。「それ違うんじゃない?」と突っ込まれることもあるはずです。落ち込むかもしれませんが、自分がどこがわかっていないのかを明確にしてくれたわけですから、逆にチャンスと捉えてください。

身近に相手がいない人は、一人二役でやってみるのもいいですし、FacebookやTwitterなどSNSを使って発信するのも手です。

ポイントは、**一方的に話すのではなく誰かに伝えることを意識して「対話」をする**ことです。相手とのキャッチボールがあってこそ、より効果があります。

対話をすることで明確になる

覚えた内容を消化しきれていない可能性がある

間違えて覚えている可能性がある

言葉で説明できるのが覚えた証し。
予想外の反応こそ復習のチャンス。

勉強した知識を自分のものにし、行動を変える

知識と経験をまとめ、次につなげる

暗記術こそ試験に合格するための最強のスキルであることが、ここまで読んできたみなさんにはおわかりいただけたと思います。

この暗記術は、試験だけではなく、実生活においても最強のスキルです。次は、そのスキルを実生活に活かしていく方法をお伝えしましょう。

試験勉強では、過去問を暗記＝真似します。

実生活で過去問にあたるものは、「成功した人の知識と経験」です。これを真似るにはどうしたらいいかというと、偉人や先人の成功が書かれた本を読む、あるいは、実際に成功した人から話を聞くのです。詳しくは第2章、第3章で解説しますので、ここでは簡単に説明しておきます。

「人の知識と経験を真似る」と聞くと、難しいことのように思えるかもしれませんが、実際はとても簡単なことです。

暗記術では、「覚えた答えを思い出す」という作業をしてきました。この「答えを思い出す」というのは、実生活に置き換えると、**「真似たことを実際にやってみる」**ということになります。

「仕事ができる人は朝早く出社する」という説がありますよね。社長やリーダーなど、成功している人が誰よりも早く出社して仕事をしているという話は本などにも書かれていますし、いわゆる「朝活」も注目されています。

そこで、まずは、自分も真似をして朝早く出社してみるのです。

なぜいいのか理解する必要はありません。とりあえず、やってみるだけでいいのです。

朝早く出社した結果、どのようなメリットがあったでしょうか?

たとえば、「電車がすいていて、いつもより通勤のストレスが少なかった」「会社にも人が少ないから、静かな環境で仕事に集中できた」「頭がすっきりしていて仕事がはかどった」など、プラスに感じたことがいくつかあったとしたら、それをもう少し続けてみるようにします。

これは、暗記術の「繰り返し」に相当します。

実際に試してみると、「メリットはあるけれど、自分の生活とはズレがある」と感じることもあるでしょう。他人の経験ですから、100%自分に合うとは限りません。でもそこで「なんで合わないんだろう?」と考えてしまうと、前には進めません。ここでも理解はいりません。何も考えず、もう一度本を読むなり、人に聞くなりしてください。これは、試験でいえば答えを見直すことと同じです。真似をし直して、また実践します。

これを繰り返しているうちに、自然とズレが修正されるか、あるいは自分で修正できるようになります。誤差が少なくなればなるほど成功率も高まっていきます。そして、気づいたときには、実際の自分に適応した「知識と経験」になっています。

しかし、「朝早起きすることによって睡眠時間が少なくなる」「早起きが苦痛で疲れてしまう」など、デメリットのほうが多い場合は、潔くやめるのも手です。

試験の場合は、自分に合う、合わないではなく、合格することが最優先ですが、実生活では苦痛を伴う方法は避けるべきです。「自分とは合わない」「繰り返しても結果が出ない」と感じたら、ほかの方法を探すようにしましょう。

得た知識を実践し続けることで、長期的に成長する

「暗記をして試験に合格した」

「人の成功を真似することで知識を得た」

そこがゴールだと思って、勉強をやめてしまう人がいます。しかし、それはゴールではなく、むしろスタートです。**得た知識を実生活で実践し続けることが、成功や自己成長を生み出します。**そして、実践し続けるためには、「楽しい」という気持ちがないと、長続きしません。

まず、「大きな目標を持つ」ことから始めてみましょう。

たとえば、司法試験に合格したとしたら、弁護士になることがゴールではありません。弁護士になって何がしたいのか、という大きな目標をまず立てるのです。

「人を救いたい」という目標を立てたとしたら、じゃあそのために何をしたらいいのか、と、少しずつ小さな目標をつくっていくようにするのです。

私の事務所にもたくさんの司法修習生が訪れるのですが、彼らの話を聞いていると、とりあえず就職することが目標になってしまっていて、弁護士として何をしたいのかというその先のゴールが見えません。そこで私はいつも、「目先の目標を先に立てるのではなく、大きな目標を立ててから、逆算して小さな目標を立てるようにしたほうがいい」

と話すようにしています。そうでないと、たとえ就職してもすぐ行き詰まってしまうからです。

大きな目標を立てるためには、自分の生き方の核、信念となるものが必要です。**目標は、大上段に構えたものではなく、むしろ、自分の心から出てきたシンプルな欲求**です。心が「ワクワクドキドキする」ような本能的な欲求であればあるほど、いいでしょう。その感情が原動力となるので、たとえ途中で目標が多少ブレたとしても、止まることはありません。**楽しいという感情を持ちながら、目標に向かって走り続けることができます**。

「大きな目標を持つ」ことは、長期的に成長するためには必要不可欠です。

では、短期的に成長するために必要なこととは、何でしょうか。

それは、**「小さな目標を持つ」**ことです。

小さな目標を立て、覚えた知識を日々使い続けて、そのつど結果を出していくのです。そうすると、人脈や情報など、自己成長に必要なものが自然と集まってきます。それらを使い、また次の目標を立て、成功体験を積み重ねていきます。短期的に成長することを続けていくことが、長期的な成長にもつながります。

これこそが、成功が成功を呼ぶ、無敵のサイクルです。

一度このサイクルに乗ってしまえば、ラクをしながら一生成長し続けることができます。

第2章

10年で得られる成功ノウハウを1分で得る技術

「読書」の仕方が変われば、超加速度的に成長できる

みなさんは、本を買って読んだだけで満足していませんか？

私は、1日1〜2冊の本を読みます。それらを繰り返し読みながらも、常に新しい本を買い続けています。

ただ、多くの本を読んでいてふと気づいたことがあります。

「読んだのに覚えていない」

「読んだのに実践できない」

「読んだのに活かせていない」

読んでタメになったととても充足感であふれていたのに、しばらく時間が経つと、「あれ？　何だっけ？」と思い出そうとしている自分がいました。

「これでは意味がない」と思い、本の読み方を変えました。

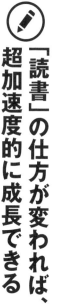

本は、教科書や参考書のように一言一句読む必要はありません。後述するラクな読み方さえマスターすれば、時間をかけずにスイスイと読めます。

インターネットにも情報はあふれていますが、量が膨大なぶん、内容は玉石混淆です。整理されていないものも多いですし、自分にとって必ずしも有益な情報ばかりとは限りません。

その点、本は先人たちや成功者の知識と経験がギュッと詰まっています。その経験やノウハウを真似すれば、ネットで断片的に情報を拾うよりもわかりやすく、簡単に成功に近づくことができます。**自分の頭でゼロから考え、時間をかけて経験を積み上げていくよりも、より短い時間で効率よく学ぶことができます。**

人は、社会人になると、とにかく勉強から遠ざかっていきます。その理由は、1年目、2年目、3年目……と経験を積み重ねていくうちに、それだけである程度できてしまうようになるからです。同じことを繰り返していれば、とりあえず大きな失敗はなく、現状維持はできます。しかし、自分の経験だけにとどまっていては、それ以上の成功や出世は望めません。成長も止まってしまいます。

私も、司法試験の勉強中、基本的にずっと同じ方法で勉強していました。ところがあるときを境に、いくら勉強しても成績がまったく伸びなくなってしまいました。「今の勉強法のままでは、試験に落ちてしまう！」と、本を10冊ほど買ってきて、読みあさりました。そのあいだ、司法試験の勉強は中断せざるをえなかったのでリスキーな行為ではありましたが、いろいろな勉強法を自分なりに真似てやってみたところ、成績が上がり始め、最終的には1回目の試験で合格することができました。

あのタイミングで本を読んで勉強法を変えていなかったら、今の自分はなかったかもしれません。

冒頭に紹介した読書における課題は、みなさんお持ちだと思います。私が編み出した読書術なら、**試験勉強で答えを暗記したように、本に書かれた知識や経験を真似ればいいだけです**。この「ものまね読書術」を駆使すれば、**成功者が何年もかけて得た知識や経験も驚くほど短い時間で吸収することができます**。

「10年で得られる成功ノウハウを1分で得る」ことは、決して大げさなことではありません。

「ずるい勉強法」の真髄である「ラクして結果を出す」ことを実現させるには、読書は最も有効な手段の一つであり、読み方を変えただけで超加速度的に自己成長できるのです。

一生得られない他人の人生から知識と経験を学ぶ

一生かかっても体得できない成功を本から得る

そもそも、本から得られることとは、何でしょうか?

私は、「成功」と「失敗」の2種類だと考えます。

「成功」からは、それこそ他人の10年分に匹敵するほどの知識と経験を得ることができます。また、**「失敗」を学ぶことで、陥りがちなリスクを回避し、ロスをより少なくすることができます。**これほどお得なものが、書店に行けば何千冊もあり、しかも1500円前後で手軽に手に入れることができるのです。これを使わない手はありません。

昨今、本を読む人が減ってきていると聞きますが、こんなときこそ、ほかの人たちを出し抜くチャンスです。

しかし、まず何を読んだらいいのか、どのように読んだらいいのかがわからないかもしれません。

本に書かれた知識を確実に得るために、まず、本の選び方からお教えしましょう。

最初に、今自分が何を知りたいのか、何が必要なのかを整理し、分野を絞ります。そこからその分野の本を探していきます。そうは言っても、莫大な量のなかから探すのは至難の業です。インターネットで検索したり、レビューを参考にしたり、あるいは売れている本のなかから探すのもいいですが、手っ取り早いのは、書店で平積みになっている本のなかから選ぶことです。本のプロである書店の方が推薦しているものなので、信頼できます。また、自分が尊敬している人におすすめの本を聞き、紹介してもらうのも効果的でしょう。

本が絞り込めたら、自分にとって読みやすいかどうかをチェックします。どんなに売れている本、評判のいい本でも、最初に読みにくいと感じてしまったら、読むのが苦痛になってしまいます。

基本的に、**「難しい本は読まない」**ことです。

いわゆる「ノウハウ本」や、子どもでも読めるようなわかりやすい書き方の本、古典なら編集で平易な文章になっている本を選びます。**本を開いたとき、目次や小見出し、太字で書かれている部分を見て、だいたい内容がわかるような本がいいでしょう**。見るポイントは、そこだけでじゅうぶんです。ただし、その内容がすべて知っているもの、納得できるものだけでは当然勉強になりません。自分の知らない知識、知らない視点があるかどうかも重視します。

私の考える最強の本は、成功した人の「自伝」や「評伝」、「伝記」です。なぜなら、その人の成功体験がわかりやすく書かれているので、すぐに真似できるからです。そして、これらには成功体験だけでなく、必ず失敗談もあります。逆にそれを「真似しない」ことで、リスクを減らすことができます。

本を選んだら、次は読み方のポイントに移りましょう。

漠然と読み始めるのではなく、**「人の人生を借りて成功する」ことを意識して読む**ことが大切です。この意識を持つか持たないかで、吸収力にも差が出てきます。

そして、**主観的な視点を持って読む**ことです。

「へえ、こういうふうになっているんだ」と、距離をおいて客観的に読むのではなく、自分が実践するつもりで読むのです。そうすると、実践したいこと、真似したいポイントが見えやすくなります。

テレビで活躍するものまねタレントさんたちを思い浮かべてください。なぜあれほどそっくりに真似ることができるのかといえば、相手の特徴を的確につかんでいるからです。

それと同じで、**真似しようという意識で本を読み、その特徴やポイントをつかむようにする**のです。その意識を持つだけで、吸収力が断然違ってきます。

もう一つ、読むうえで気をつけてほしいことがあります。

本の選び方・読み方

STEP 1

分野を絞る

今自分が何を知りたいのか、
何が必要なのかを整理する

STEP 2

読みやすさを確認する

基本的に、難しい本は読まない

STEP 3

人の人生を借りて成功することを意識して読む

距離をおいて客観的に読むのではなく、
自分が実践するつもりで読む

おすすめは成功した人の自伝。「読みたい」という気持ちを大切にする。

読みたいから読む、「want to」という気持ちを大切にすることです。これが、読まなくてはいけないという「have to」になってしまうと、読書は長続きしません。

楽しみながら読んでいると、どんどん真似したい、実践したいという気持ちが高まってくるはずです。

「失敗から学ぶ」の本質的な意味を知る

真似をするというと、多くの人が成功談を参考にしようとするでしょう。もちろん、それは間違いではありません。

ですが、前項でも少しお話ししたように、失敗談のなかにも学ぶべきポイントがたくさんあります。失敗した事例を知ることで、自分がはまりそうな落とし穴を先に予測し、落ちるリスクを防ぐことができるのです。いわば「転ばぬ先の杖」です。

法律を学んでいたとき、私の恩師は、私たちに「こんなことを言うと依頼者を怒らせる」「こんなことをすると依頼者の信頼を失う」など、失敗例だけを集めたシートを配ってくれました。成功するためではなく、失敗しないためのコツを教えてくれたのです。弁護士として実際に仕事を始めたとき、このシートがまさに「転ばぬ先の杖」となり、数々の失敗を未然に防ぐことができました。私を含め、そのときの教え子たちは今でもそのシートを使っていますし、後輩たちにも配っています。

失敗しないためのノウハウは、成功するノウハウと同じくらい重要なのです。

本に置き換えると、失敗談だけを綴った本というのはあまり見当たりませんが、成功について書いた本のなかには、たいてい失敗談も書かれています。そこで、その部分だけを抽出して読むようにします。そして、どんなことをやったら失敗してしまったのかを意識しながら読んでいきます。

たくさんの成功エピソードがちりばめられたなかに失敗談があると、人はつい息抜きとして読んでしまいがちです。「こんな失敗してたんだ」と笑ったり、「よく這い上がったなぁ」などと落差に感嘆したりするだけでなく、**どういう理由で失敗したのかをちゃんと読み捉えることが大切**です。

失敗談は、決して単なる笑い話ではありません。そこから学べることがあるからこそ、織り込まれているのです。

微生物ミドリムシ（学名ユーグレナ）の大量培養に世界で初めて成功したベンチャー企業、株式会社ユーグレナの社長・出雲充氏は、成功を果たせないまま研究を中断していたかつてのミドリムシ研究者たちのもとを訪れ、一度は断られながらもその失敗データを教えてもらうことによって成功にたどり着いたと、著書のなかで語っています。

かの発明王トーマス・エジソンも「失敗は成功の母」と言っています。

とはいえ、「失敗は成功に転じるからよい」というだけではありません。

失敗そのものにもメリットがあります。

失敗した事例や経験談を知っていれば、そうならないように行動することができます。

また、**「失敗から学ぶ」とは、頭のなかで失敗を疑似体験しているに等しい行為**なのです。

それを知らずに行動し、失敗してしまうと、そこから這い上がるのに膨大なエネルギーを使わなくてはなりません。それは明らかによけいな労力であり、無駄な回り道です。

成功するだけでなく、「失敗しないように行動する」ことも、学びの一つです。

早く読んでも忘れない、記憶を脳に定着させる方法

読むのではなく見る

ここでは、私の提唱する読書術を一歩進化させ、本の内容をすばやく吸収するためのワザをお伝えしていきましょう。

本を読もうとすると、多くの人は最初から一言一句、全部読もうとします。そうすると時間がかかり、「本を読むのは大変」「面倒くさい」と、ますます読書から遠ざかってしまいます。

まず、「読む」ことは捨ててください。**本を「読む」のではなく、「見る」**のです。「読

む」から「見る」に変えるだけで、勉強の吸収率は劇的にアップします。

こう言われると、多くの人が驚くと同時に、「そんなことできない！」と思うでしょう。なぜなら、私たちは小学校のときからずっと「本は通読するもの」と教えられてきたからです。今さら変えることに抵抗があるのはわかります。ですが、ここは清水の舞台から飛び降りるつもりで、意を決してチャレンジしてください。

では、具体的な方法をお教えします。

本を開いたら、最初からきちんと読まず、目に入るワードだけを見ていきます。どうしても「読んで」しまうという人は、試しに、ストップウォッチを使って1分で全部読もうとしてみてください。1分という短い時間のなかでは、とても端から端まで読めません。パラパラと見ていくだけになるでしょう。それでいいのです。

本を買ったはいいものの、読む時間がなく、積んでいるだけの人も多いはずです。でも、この方法なら時間がなくても読むことができます。それこそ、たった1分で10年分のノウハウを知ることも不可能ではありません。このように、時間制限をかけることからまずはスタートしてみましょう。

さて、1分でどこを見ればいいと思いますか？

それは、**本のタイトル、目次、小見出しです。なぜなら、そこに本の「売り」が凝縮されているから**です。それらは著者が読んでもらいたいと思って提示しているポイントであり、すでにそこにノウハウが明らかにされているケースが多いのです。ここさえ押さえておけば、全部読む必要はありません。

本文の場合は、太字になっている部分や、各章の最初と最後の数行を中心にパラパラと見ていきます。

見るときには、付箋を使うのが有効です。試験勉強では、情報を一元化するために参考書や問題集に直接書き込むことを推奨しましたが、読書の場合は書き込むのではなく、付箋がベストです。

答えの決まっている試験とはちがい、読書の場合は、答えは一つではなく、常に複数の視点が存在します。最初に書き込んだり、マーカーを引いたりしてしまうと、次に読

記憶を脳に定着させる1分読書術

タイトル

タイトルを見て、中身をイメージする

目次

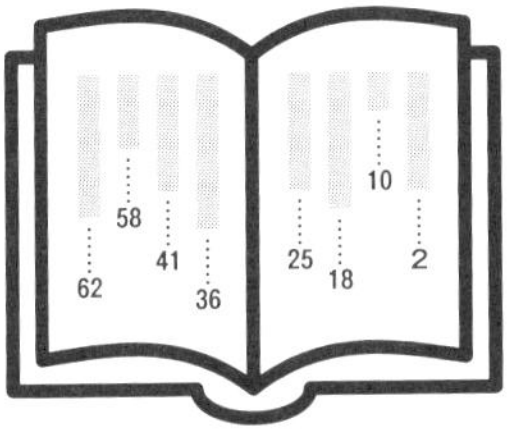

目次を見て、著者が伝えたいことを把握する

小見出し

小見出しを見て、大事なポイントをつかむ

押さえるのは本の「売り」だけ。気になる箇所には付箋を貼っておく。

むときにもそこに意識がいってしまい、ほかの部分は読まなくなってしまいがちです。

付箋なら、あとからはずせば、また違う視点、新たな切り口で読むことができます。

ただし、付箋を多く貼りすぎると混乱してしまうので、1ページ1枚くらいを目安にしましょう。


そして**大切なのは、「無理して理解しない」こと**です。

第1章でもお話ししましたが、理解しようとすると時間がかかり、わからないとそこでギブアップしてしまいます。エリートでなければ、最初から理解できないのは当たり前だと自覚しましょう。**パラパラと見ることを繰り返していけば、自然と理解できる**ようになります。「暗記」と同じで、「ものまね読書術」でも、ここがキモになります。

だからこそ、**「読む」ではなく「見る」でいい**のです。

繰り返すことで吸収力を高める

前項で、「無理して最初から理解しない」ということをお伝えしました。では、どうやって理解をしたらいいのでしょう。

それは、**「繰り返す」ことに尽きます。**

繰り返しやっているうちに自然と慣れ、いつのまにか理解できるようになります。

たとえば、初めて自転車に乗ったときのことを思い出してみてください。

最初はもちろん、まったく乗れません。親に後ろから押してもらったり、補助輪をつけたりはずしたりしながら乗る練習をしたはずです。何度か転んだこともあるでしょう。しかし、それをずっと繰り返すうちに、いつのまにか一人で乗れるようになったのではないでしょうか。そして、今では何も考えず、当たり前のように自転車に乗っていますよね。

それは、繰り返し練習することで、体が慣れたからです。

脳も、体と同様です。慣れないうちは覚えるまでに時間がかかりますが、繰り返し頭に入れるうちにだんだん慣れて、最初は難しいと感じていたことも、当たり前のように理解できるようになります。**短い時間で繰り返す回数を増やしていくと、吸収力はどんどんアップし、忘れないようになります**。

さらに**吸収力を高めるためには、ただ繰り返し見るだけではなく、「なりきる」ことが大切**です。本に書かれているメソッドやノウハウを自分に置き換え、自分が実際にやっている場面を頭のなかで思い浮かべるのです。最初は難しいかもしれませんが、とにかくやってみましょう。これも繰り返すうちに、だんだんと具体的にできるようになるはずです。いわば「イメージトレーニング」です。

これをやっておけば、ラクに実践に移すことができます。

聴覚を活かして集中力を上げる

これまでは、主に「視覚」を使って記憶を定着させてきました。今度は「聴覚」を使った方法です。

音楽の力を借りて、集中できる環境をつくるのです。

「本を読もうと思っても、なかなか読めない」と言う人がいます。その理由の一つとして考えられるのが、「集中できない」ことです。そして、本を読まなくてはならないときほど、つい携帯をいじったり、今やらなくてもいいメールの返信をしたりなど、集中とは真逆の行為をして、自分で勝手に「読まない言い訳」をつくってしまいます。身に覚えのある人もいるのではないでしょうか。

そうならないために、私は**「音楽を聴きながら読書をする」**ことをおすすめします。

なぜ音楽がいいかといえば、「リズム」があるからです。曲のリズムに身を任せていると、周囲のよけいなものや雑音が気にならなくなっていきます。なかでも、ＡＫＢ48やジャニーズなどのアイドルソングはノリがいいので、そのテンポにノッているうちに、いつのまにか集中モードに入ることができます。アイドルの楽曲などいわゆるヒットソングは、心臓の鼓動に近いリズムでつくられていると言われており、そのテンポに同化しやすいのです。

大切なのは、ノリのいい曲を選ぶことです。

いくら好きな音楽でも、テンポのまったりとした曲、クラシック音楽などは、ノリづらいのでおすすめできません。また、バラード系の恋愛ソングも、歌詞に聞き入ってしまう傾向があり、避けたほうがいいでしょう。どうしても日本語が耳に入ってきてしまうという人は、洋楽にシフトしましょう。

通常、1曲はだいたい3分間くらいですから、「1曲聴く間に1冊読む」と決めれば、スピードアップして読む訓練にもなります。

「『ながら』勉強はダメ」とよく言われます。効率が悪いからというのが理由のようですが、**そもそも勉強しなくてはいけないのだったら、「ながら」でもいいからやるべきだ**と、私は考えます。

もともと集中してできる人は別として、多くの人はなかなか集中できません。集中できない挙げ句に勉強そのものをやらなくなってしまうくらいだったら、音楽を聴きながらでもやったほうが最終的には結果につながります。

とはいえ、なかには音楽をまったく聴かない、聴きたくないという人もいるかもしれません。そういう人は、「場所」を変えてみましょう。いつもと違う場所に移動すると脳も刺激され、記憶の吸収力も高まります。

読書も勉強も、自分が集中できる環境をつくることがポイントです。

仕事で圧倒的な差がつくものまね読書術

思い出す力を鍛え、実践に直結させる

ラクをしながらも社会で結果を出すためには、本に書かれた知識や経験を真似すればいいとお話ししてきました。

真似をするということは、すなわち「実践」です。

どんなに素晴らしい本を読み、効率的なノウハウを知ったとしても、自分で実践できなければ「宝の持ち腐れ」です。世の中の多くの人は、残念ながらそこで止まってしまっています。

実践するためには、本の内容を覚えるだけでなく、思い出す必要があります。本を読んだあと、何もせずに漠然と過ごしていては、時間の経過とともに内容も忘れてしまいます。また、いったん覚えたとしても、それを思い出すことができなければ実践には到底至りません。

そこで、「思い出す」ことを意識しながら、読書をするのです。

第1章の暗記術でも、できるだけ短い時間で、できるだけたくさんの答えを思い出す方法をお伝えしましたが、この方法を読書術にも応用して、できるだけ短い時間で、できるだけたくさんの知識やノウハウを身につける力を鍛えていきましょう。

この項では、「夜5分→朝5分の『記憶出し入れ読書術』」「思い出す間隔を空けて実践する」「1ページ1秒1ノウハウで見る」の3つの方法を紹介します。

読書の場合、本を読んだあとの時間の使い方がカギを握ります。この3つの方法は、どれも読書後にほんのわずかな時間を割くだけで、飛躍的に知識やノウハウが身につきます。

思考力ゼロ状態で、本に書かれたノウハウを実践できるようにしましょう。

①夜5分→朝5分の「記憶出し入れ読書術」

第1章の暗記術と同様に、**読書も、その日読んだ本のタイトルと内容を、夜寝る前の5分間に、一つの項目について1～2行メモします**。内容は、詳しく書く必要はありません。「ここが面白かった」という感想ひと言でもじゅうぶんです。これが、1回目の復習＝「思い出し」です。

次に、**翌日の朝の5分間でそのメモを見直し、内容を思い出すようにします**。思い出せなければ、あとでもう一度見直します。これが、2回目の復習＝「思い出し」です。朝、ほかの情報がまだ何も入っていない状態で見ると、その記憶が喚起されるのです。

私は、最近は手書きではなく、携帯を使って読書メモを記録しています。携帯を2つ使って、夜寝る前にLINEにメモを書いて、もう一つの携帯に送っているのです。翌朝、その送ったほうの携帯のメモを見るようにします。見れば「既読」になるので、復習したかどうかチェックもできます。LINEでなくても、専用のメールアドレスをつくって、自分に宛ててメモを送る方法でもいいでしょう。

記憶出し入れ読書術

就寝前の5分で、メモもしくはLINEに残す

2016年9月29日（木）

『ずるい暗記術』

- 試験の過去問の答えを「頭を使わず」ひたすら見る。
- 記憶に定着させるためには、短い時間で繰り返すのがGOOD
- モテたいを原動力にする
- ラクしたい意識を忘れない

起床後の5分で、メモもしくはLINEを見て内容を思い出す

メモではなく自分にLINEするのも可。起床後すぐに見直すようにする。

②思い出す間隔を空けて実践する

次は、**夜5分→朝5分の「思い出し」の間隔を、少しずつ空けていきます。**

「本は1回読んだら終わり」という人が多いですが、それだけでは、どんなに優れた経験やノウハウを知っても「絵に描いた餅」のままです。**自分のものにし、身につけるためには、「思い出し」を繰り返していく必要があります。**そして、**この場合の「思い出し」とは、本から真似たことを実際にやってみること、すなわち「実践」となります。**

忘れる前に思い出し、また実践するのです。忘れている部分は、本を読み直し、思い出して、また実践します。徐々に間隔を空け、その間隔が長くなっても真似た通りに実践できるようになれば、それはもう自分のものになったといえます。

試験のある勉強では、思い出す間隔を最長1週間までと限定しましたが、社会に出てからの勉強にはゴールはありません。なかには、何十年もかけてマスターしていくノウハウもあります。期間は定めず、自然と身につくまで繰り返しましょう。

忘れる前に思い出し、実践する

『ずるい暗記術』で気になるところを実践！

実践1

ToDoリストを朝につくる

勉強の達成感を得て、勉強を習慣化する

実践2

アイドルソングを聴きながら、受けたい試験の過去問の答えをひたすら見ていく

勉強を楽しく始め、集中力を高める

実践3

何も持たずに散歩をする

環境を変えて脳を刺激し、
記憶力や情報の吸収力を高める

ノウハウを思い出し、実践する。自然と身につくまで繰り返すのがコツ。

③1ページ1秒1ノウハウで見る

間隔を空けて思い出すことを繰り返したあとは、「1ページ1秒で見る」究極のトレーニングです。84ページの「読むのではなく見る」で、1分で1冊をパラパラ見る方法を紹介しましたが、この方法は、**意識的にスピードを上げて、一瞬で思い出せるようにしていく訓練です**。

「1ページ1秒1ノウハウ」と限定し、小見出しや太字の部分、自分が付箋をつけたワードを中心に見ていきます。見た一瞬で内容や意味が思い出せるかどうかをチェックしながら、スピードを意識して最後までめくっていきます。

思い出せるかどうかの目安は、そのワードの意味が瞬時にわかることです。「何だっけ?」とつまずいてしまったら、付箋を貼り直してあとで再確認するようにします。

間隔を空けて思い出しながら、この「1ページ1秒1ノウハウ」のトレーニングを行うと、まさに一瞬で思い出すことができるようになります。

1ページ1秒で見るトレーニング

これまで「答えを見る→問題を見る」という方法で知識を取り入れ
今度はその逆です。
「問題を見る→答えを思い出す」のです。
最初は答えを思い出せなくても気にせず、何回も繰り返します。
間違っていたものは、もう一度確認し、きちんと覚えるようにします
方法は、**アウトプットをしながら、同時にインプットもやっている**。
通常なら先にインプットをし、あとからアウトプットと順を追って
の方法なら時間をかけずに両方いっぺんにできてしまいます。その
いときほど、効果があります。
思い出すときのポイントとしては、紙に書かないことです。書く
で、頭の中だけでパッと答えが思い浮かぶように訓練してみてくだ
次に、その**思い出す作業をスピードアップして行う**ようにします。
標準時間を目安に始めます。たとえば1問1分だとしたら、40秒、
だん短くしていきます。
私の場合は「10秒かかったらダメ」というマイルールを設けていま
は問題文の最初のワードを見た瞬間に答えがわかるくらいが理想です
も焦らず、何度も繰り返していきましょう。

太文字を見ていく

オフの日の過ごし方もポイントです。何もしないでダラダラ過
まず、**満足感を得ることが大事**です。漫画や本を思い切り読むよ
カラオケに行くなど、好きなことや遊びをやりきるのです。その
エネルギッシュに勉強に向かえるはずです。
もう一つ大事なのは、刺激を得ることです。新しいことにチャ
で食べたことのないものを食べに行ったり、普段経験しないこと
けて脳が活性化されます。
オフの日は「満足感」と「刺激」の2つを重視しましょう。

⑦ 自分の「長所」を暗記力に変換する

人は誰でも「長所」を持っています。なかなか暗記できないよ
ってみましょう。たとえば、歌を歌うのが得意だったら、数字や
て歌いながら覚えるようにします。そうすると、意外に覚えられ
長所が思いつかなければ、「好きなもの」でもかまいません。
なので、辛いラーメンを食べながら記憶と結びつけ、「ラーメン

もし「自分の『長所』を暗記力に変換する」を見て意味がわからなかったら、読み直す

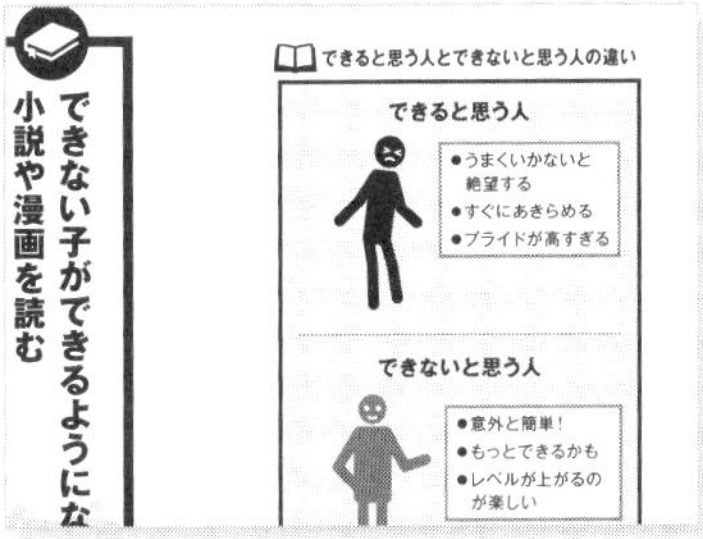

「図」があるページは図をパッと見る

一瞬で思い出せるかをチェック。図は一目で内容がわかるのでより効果的。

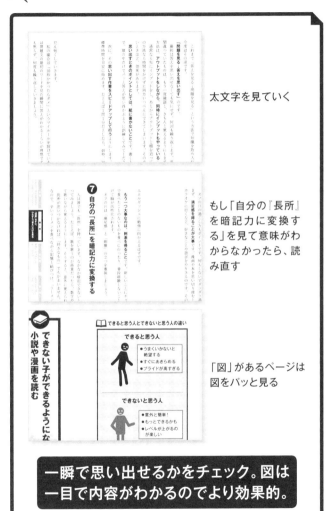

本から得た知識を行動に変える

目標を明確にする

得た知識を行動につなげるためには、漠然と本を読んでいてはいけません。あくまで「自分が実践する」ことを意識しながら読むことが必要です。

まず、自分が何をしたいのか、目的意識をはっきりさせましょう。今手にしている本から**「何を得たいのか？」「何を知りたいのか？」と、自問自答してみてください**。そうすると、その本のなかで自分にとって必要な部分と不必要な部分が明確になります。

それがわかれば、**全部読まなくても必要な部分だけ読めばいいので、効率よく知識を吸収することができます。**

本に書かれている「成功」と「失敗」も、「何を得たいのか?」「何を知りたいのか?」という目的意識を持ちながら読むと、どこを真似したらいいのか、どこを真似してはいけないのかがはっきりわかります。要は、実践するうえでの「カギ」となる部分を探し出せればいいのです。

うまく探し出せない場合は、見出しや太字になっている箇所に着目してみましょう。各項の最初と最後の数行にもカギとなる内容が集約されていることが多いので、それらを拾って見ていくと、必要な箇所が見えてくるはずです。

ビジネス書の場合、この箇所に「ノウハウ」が示されています。

以前にもお話ししていますが、このとき「真似る」「なりきる」という視点で読むことを忘れないようにしてください。真似ることができないものは、たとえどんなにいいノウハウであっても、実践ではあまり役に立ちません。自分が実際に結果を出せるかどうかシミュレーションしながら読むようにしましょう。そこまでやって、初めて実践で使えるノウハウになるのです。

そして、**結果にこだわるためには、自分の欲求に忠実な大きな目標を持つべきです。**

第1章でも「大きな目標を立ててから、小さな目標を立てる」とお伝えしましたが、大きな欲求からどんどんブレイクダウンして、小さな目標をつくっていくのがコツです。

たとえば、「お金が欲しい」という欲求があったら、それを実現させるためにはどうしたらいいいかを考えていきます。

「お金を得るためには、給料をアップさせよう」「そのためには、営業成績を上げよう」「営業成績を上げるために、自分の苦手なセールストークを学ぼう」というようにどんどん細分化していくと、「自分に足りないもの」が見えてきます。

それこそが、今持つべき小さな目標です。

やるべきことが明確になれば、学んだ知識もすぐに実践に移すことができます。

結果にこだわる目標設定

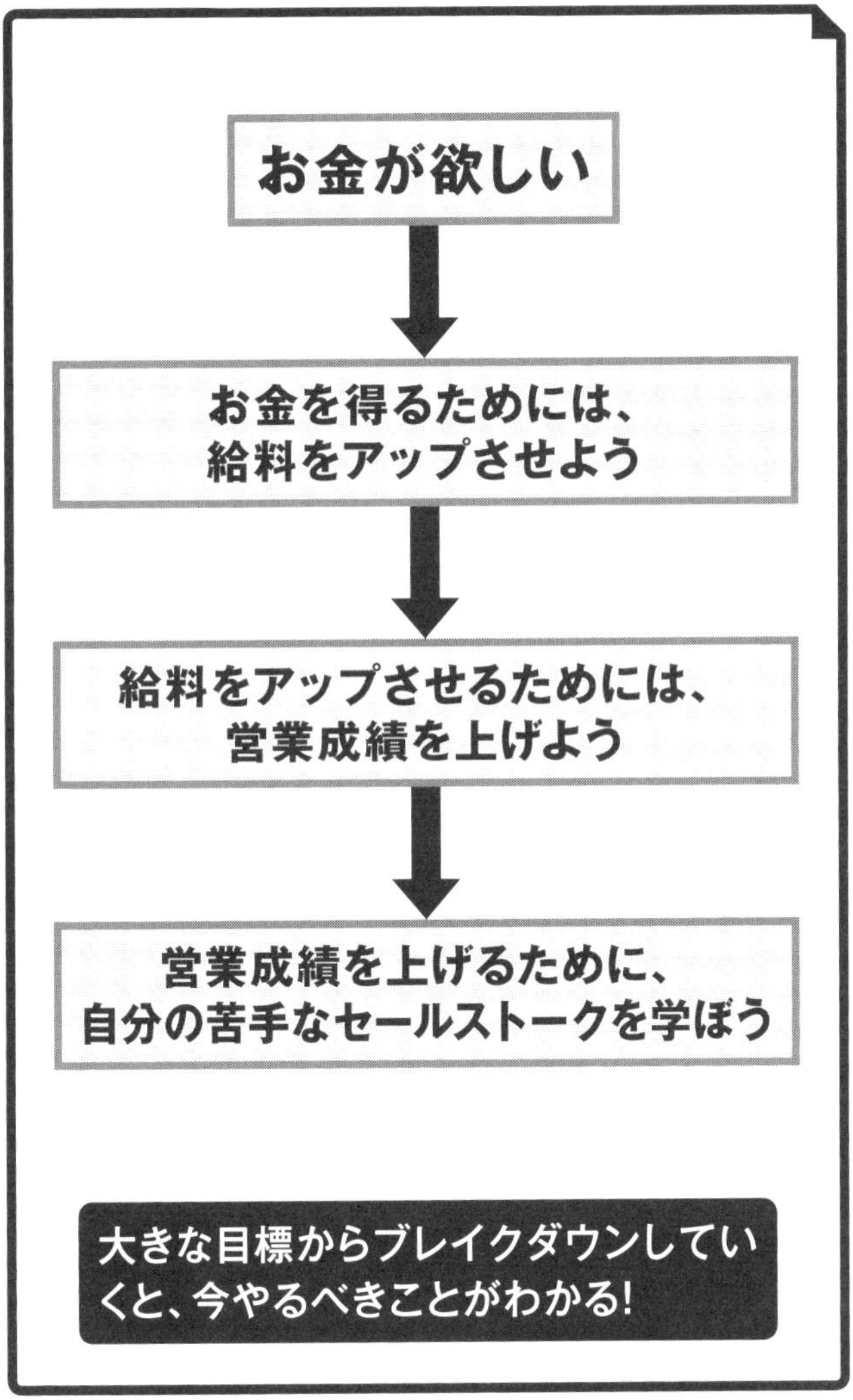
お金が欲しい
お金を得るためには、給料をアップさせよう
給料をアップさせるためには、営業成績を上げよう
営業成績を上げるために、自分の苦手なセールストークを学ぼう
大きな目標からブレイクダウンしていくと、今やるべきことがわかる!

具体的にやることがわかる

前項で、目標をはっきりさせ、欲求をブレイクダウンして、やるべきノウハウを見つけました。さて、次は何をすればいいのでしょう？

答えは簡単です。

「真似ること」です。

「このノウハウが間違っていたらどうしよう」

「今までのやり方とまったく違うから、できないかもしれない」

多くの人はいろいろな言い訳をして、前へ進もうとしません。

新しいことを始める前に不安や恐れがあるのはわかりますが、ここはあれこれ言わずに、とにかく真似ることを始めてみましょう。

真似ることを始めると、どんな小さいものにせよ、必ず結果が出てきます。そうしたら、その結果をもとに、もっと深く真似てみます。あるいはまだ実践していないことも真似てみるようにします。すると、また別な結果が引き出されます。自然と好循環が生まれてくるのです。

私の経験談をお話ししましょう。

世間では、1日3食食べるのが当たり前とされていますよね。でも、私の場合、3食食べていると、太ってしまい、体調もすぐれないのです。そんなときに『「空腹」が人を健康にする』(南雲吉則・著/サンマーク出版)という1日1食を推奨する本を見つけ、「もしかしたら健康を取り戻せるかも」と思い、購入して実践してみました。

最初は1食だけというのがつらかったのですが、続けてみたら、胃腸の調子がよくなり、体重も増えません。睡眠の質も上がり、肌もきれいになりました。今では、基本的に1日1食が当たり前になり、3食に戻ることは考えられません。

もちろん万人に合うとは限りませんが、私にはとても合っていた方法でした。

また、仕事では、このような経験がありました。

事務所での会議がいつもダラダラとした雰囲気で終わってしまい、内容も充実していないことが気になっていたので、アートディレクター・佐藤可士和氏の『佐藤可士和の打ち合わせ』（ダイヤモンド社）という本を読み、とにかくノウハウを取り入れてみようと考えました。最初からすべて真似るのではなく、まず「打ち合わせはラスト5分が大事」という部分だけを実践してみたところ、最後の5分を意識するだけで、会議全体がピリッと締まるようになり、内容も充実するようになりました。

すぐに真似できるシンプルなやり方だったからこそ、結果が出るのも早かったのです。その後、会議中や会議前後のノウハウも取り入れ、今ではすべての会議がとてもスムーズに進んでいます。

このように、とにかく真似をすれば、何らかの結果が出ます。

まずは**あまり考えずに真似てみる**ことです。やってみないことには、何も始まりません。

実際に真似てみる

『「空腹」が人を健康にする』

問題点 3食食べていると太ってしまい、
体調がすぐれない

改善点 1日1食に変えた

結　果 1日1食を続けてみたら、胃腸の調子がよくなり、
体重も増えない。睡眠の質も上がり、
肌もきれいになった

『佐藤可士和の打ち合わせ』

問題点 事務所での会議がいつもダラダラ、
内容も充実していない

改善点 最後の5分を意識した

結　果 会議全体がピリッと締まるようになり、
内容も充実するようになった

やるべきことが見えたら真似するのみ。結果が出なければ方法を変える。

結果が出た方法と自分の今までやってきた方法との間にズレを感じたら、今までやってきた方法は思い切って捨てましょう。なぜなら、それは結果が出ない方法だと判明したからです。自分を正当化せず、潔く捨てるのが、成功への近道です。

できない人ほど、自分の今までやってきた方法に固執しがちですが、変えないことのほうがデメリットです。

逆に、新しいノウハウを真似てみても、どうも結果が出ない、自分に合わないと感じたら、それも潔く捨てて、別なノウハウを探すべきです。

たとえば恋愛でも、自分と合わない人といつまでもつき合っているのは苦しいことです。ですが、多くの人は気軽に相手を変えることに罪悪感を感じて我慢してしまいます。

コロコロと恋人を変えることも、実は悪くはないのです。

勉強法の実践でも、自分に合わないと思ったら、すぐ変える瞬発力が大切です。

対話によって整理する

考えずに「とりあえずやってみる」ことは大切です。しかし、いきなりやるのはどうしても不安だという人もいるかもしれません。

実践に移す前に有効なのが「人と対話すること、人に教えること」です。

第1章でもお話ししましたが、読書においても、学んだ知識やノウハウを人に話すことは絶大な効果があります。

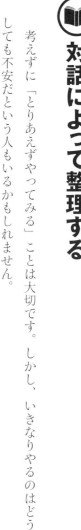

人に話すためには、まず、ノウハウをきちんと整理しなくてはなりません。論理的に筋道を立てて話す必要もあります。**本を読んでいるときから相手に伝えることを想定し、どう話すかシミュレーションすることで、実践する力はグッと高まります。**

話す相手は、できれば同じ分野の仕事をしている人、その分野のことを知っている人を選びます。それを知らない相手だと、話している内容が正しいのか間違っているのかの判断がつきにくいからです。

そして、その相手は、自分にとっての「合わせ鏡」のようなものだと思ってください。つまり、話してみて、相手が理解できなかったら、それは自分も完璧には理解していないということです。また、自分ではわかっていても、きちんとノウハウに落とし込めておらず、相手に伝わらないという場合もあります。

相手の反応を見て、まず自分の理解度をチェックしましょう。相手がわからない部分こそ、自分がわかっていない部分ですから、そこを重点的に読み直すようにします。

また、Facebook や Twitter などのSNSに投稿するのも効果があります。対話は1対1ですが、SNSの投稿は多くの友人の目に触れます。場合によっては、全世界に公開されるものなので、よりプレッシャーがかかります。もし間違ったことを書いてしまったら、見知らぬ人からも批評されかねません。ブログもそうですが、不特定多数の人に読まれると思うと、事前にしっかり準備をしてから文章を書きますよね。その作業が、知識の理解度を深めてくれるのです。

ときには、間違ったことを書いてしまい、恥をかくこともあるかもしれませんが、これこそいいチャンスと前向きに捉えましょう。人はプライドがあるので、恥をかいた経験はなかなか忘れないものです。「何くそ」という気持ちから、もう一度勉強し直すため、結果としてプラスに転じるのです。


「人と話す、教える」というこの手法には、もう一つの大きな利点があります。

それは、**「人に先にやらせることができる」**という点です。

「こんなよさそうなノウハウがあるんだ」と話して、自分が実践する前に、相手にやってみてもらうのです。結果を聞いて、成功なら自分もやってみます。失敗した場合は、どこがよくなかったのかを聞き、自分で改善してから実践に移すのです。

「ずるい」と思われるかもしれませんが、これもリスクを避け、時間のロスを少なくする効率的な方法なのです。

まずは、人にやらせてみよう

結果を聞いて、成功なら自分もやってみる

どこがよくなかったのかを聞き、自分で改善してから実践に移す

よいノウハウがあったら先に人にやらせる。ずるいがリスクは少ない。

自分にない宝を探す

学んだノウハウを確実に結果につなげるために、これまでとは対照的な読書術を紹介しましょう。

本から学びを得たいとき、ほとんどの人は自分の知りたい分野の本、共感できるテーマの本を選びます。ですが、私はあえて、**まったく違う分野、同調できない視点で書かれた本を選ぶ**ことも提言します。

たとえば、人に愛されたいと思っていたとしたら、あえて嫌われることを勧める本を、人に優しくしたいなら非情に接することを書いた本を、人脈を築きたいなら人脈を切るコツを書いた本を読んでみるのです。

人間の脳は、新しい知識や情報を与えられると、喜んでそれを取り込もうとする働きがあると言われています。**刺激を受けることによって、たとえ年をとっても、脳は鍛えることができる**のです。

そのような観点からみても、まったく知らない分野、自分とは真逆の考え方を吸収するのは有効です。

私はもともと人とぶつかることがあまり好きではなく、自分の法律事務所も、和気あいあいとしたサークルの延長のような雰囲気をよしとしていました。しかし、だんだん所内に「甘え」が出始め、コントロールが難しくなってきました。

そんなとき、書店で中国の古典『韓非子』を解説した『超訳韓非子 リーダーの教科書』(許成準・著/彩図社)という本を見つけ、買って読んでみました。

「人は裏切るものだ」という考え方を前提に、部下にも非情になることが書かれており、正直自分とはまったく正反対の考えでした。本のなかに、越権行為をした役人を処罰するエピソードとともに、「責任の範囲を決め、越権を禁止せよ」という教えがあり、これも自分としては厳しすぎると思ったのですが、これを参考に「規律」を設け、一人ひとりのやるべきことをはっきりさせるようにしました。その結果、いい意味で緊張感が生まれ、各自に責任感とやる気が出てきました。彼らにある程度仕事を任せることができるようになったおかげで、私自身もラクになりました。

結果を出すためには、自分にない発想を取り入れることも重要なのです。

また、分野や視点にまったくこだわらず、インスピレーションで本を選ぶのもおすすめです。

「迷ったら買わない」と言う人が多いようですが、私は逆に**「迷ったら買いなさい」と言いたい**です。

そもそもインスピレーション＝直感というのは、自分のこれまでの経験に由来していることが多いものです。ですから、**直感で面白そうだと思った本は、自分にとって有益な本である確率が高い**のです。

また、日頃から、さまざまなことに興味を持ち、アンテナを広げていると、気になる本も増えてきます。そのなかから直感で何冊か選んでいくと、意外な「アタリ」も出てきます。たとえハズレがあっても、たくさんの本に出合うことで、本を選ぶ目が養われ、自分にとって有効な本がだんだんわかるようになってきます。

自分にない発想、自分とは正反対の考え方を行動に取り入れるのは、とても勇気のいることです。しかし、それこそが「反面教師」のように、思わぬ成長をさせてくれるのです。

勇気を出して、自分にない「宝」を探しに出かけましょう。

第3章

自分で答えを出さずに人から得た知識で成果を出す

「交渉」とは、最高の学びを得るために必要なスキル

第2章では、「本」から知識や経験を学ぶ読書術をお教えしました。しかし、学びの源はまだまだ無限にあります。この第3章では、「人」から情報を「盗む」テクニックを伝授していきます。

本と同じく、人もまた、それぞれが成功した経験やノウハウ、スキルを持っています。**本に書かれたことはすべて「過去のこと」ですが、人が持っている情報は、現在進行形、いわば「生きて」います。**しかも現代は、情報のスピードが恐ろしく速く、日々どんどん更新されていきます。情報を知っているか知らないかで、ものごとの結果は大きく変わってきます。情報サイクルの速い社会だからこそ、**人よりも一歩先に行くためには、現在進行形の情報、まだ世に出ていない情報を手に入れる必要があります。**それら

の情報を、**成功のノウハウやスキルを持っている人から直接手に入れることができれば、ダイレクトに自分の成功に結びつけることができる**のです。

しかし、どんなにすごい人と知り合っても、人脈を持っていても、その成功の秘訣を聞き出せなかったらまったく意味がありません。

本なら、お金を出せば誰でも買うことができます。読めば、そこにノウハウも用意されています。ですが、人からの情報は、こちらから取りに行かなくては手に入りません。

しかも、成功者ほど、成功の秘訣はなかなか教えてくれないものです。

そこで、**効果を発揮するのが、弁護士の持つ「交渉」のスキル**です。

交渉とは、クライアントにとって有利な情報を相手方から聞き出し、「勝つ」ことです。

私は弁護士になって6年目になるのですが、これまで数多くの交渉を経験し、情報を引き出す技を磨いてきました。

弁護士にとって最大の武器ともいえるこの「交渉術」は、勉強法にも応用できます。

つまり、**成功者から有益な情報を聞き出し、そのノウハウを「盗む」**のです。

「盗む」というと聞こえは悪いかもしれませんが、要は情報を引き出し、「真似る」ことです。相手からいかに「使える」情報を引き出せるかが、成功するためのすべてのカギを握ると言っても過言ではありません。

世界で活躍するリーダーたちも、実はその道のプロは一握りです。みな、周りのブレーンたちからの情報を得て成功していると言われています。

私自身も、法律事務所を立ち上げて3年目ながら社会で活躍させていただけているのは、これまでいろいろな人から情報を得て、それを活かすことに長けていたからではないかと思っています。

「交渉」のスキルを使って、人から「生きた」情報を手に入れることができれば、そこにあるたくさんの成功の「種」を自分のものにできます。それを発芽させ、成長させるのです。それが、実生活で使える「生きた」能力となります。

テストの成績がいい人が、必ずしも実生活で成功しているとは限りません。頭のいい人ほど、逆にコミュニケーションは苦手なものです。真面目に勉強しかしてこなかった弊害でもあります。

ＴＯＥＩＣの点数がいくらよくても、話せなければ意味がありません。点数がたとえ悪くても、英語でコミュニケーションをとれる人物のほうが重宝されるのもわかります。

交渉とはコミュニケーションの最たるもの。エリートを出し抜くために、凡人が最も必要とするスキルです。

「交渉」で「生きた」情報を得て、それを駆使することこそ、エリートを出し抜く一発逆転の方法です。

情報を持つ者に情報が集まる

情報を持っている人の探し方

前項でお伝えしたように、人の持っている情報は、「生きて」いる教材です。その教材を得るためには、いかに有益な情報を持っている人と知り合うかが重要になります。

つまり、**人脈こそ、最高の学びを得るためのツール**なのです。

江戸時代、徳川家に仕えた柳生家の家訓に、このようなものがあります。

「小才は、縁に出会って縁に気づかず。中才は、縁に気づいて縁を活かさず。大才は、袖擦り合うた縁をも活かす」

才覚のある人は、どんな小さな縁も活かして自分の成功につなげるのです。

では、その「縁」と出会うためには、どうすればいいのでしょう?

まず、情報を持っている人を「探す」ことです。

友人や知人、同僚など、自分の周りの人たちからチェックしていきます。「情報を得る」という視点で見てみると、これまでは気づかなかったようなノウハウやスキルを持っている人がいる可能性があります。今まで築いてきた人脈を活かすのが、最も手っ取り早い方法です。

すでにある人脈のなかから探せなかった場合は、情報を持っている人を「つくる」ことです。まず、先輩や上司、尊敬している人から紹介してもらうのがいいでしょう。その流れで、食事会や会合、ミーティングなどをセッティングしてもらうことで、縁が深まります。また、セミナーや勉強会に参加するのも、情報を持っている人と知り合うチャンスです。このように、新しい人脈をつくっていくのです。

次のステップは、人脈を「広げる」ことです。

会合や飲み会に「誘われる」ようになることが理想です。誘われるということは、誘ってきた相手にとって「メリットがある」「利用価値がある」と思われているからです。利用されているとわかっていても、逆にこちらが利用するくらいの気持ちで出席し、人脈を広げていきましょう。

そして、会合では、「人を惹きつけるキーパーソン」を探すのがポイントです。才能のある人はどんな人とも縁を築くことができますが、それはかなりハードルの高いことです。とりあえず、キーパーソンにターゲットを絞るのです。

キーパーソンとは、その周りに人が集まり、その渦の中心にいるような人物です。人の流れを観察してそのキーパーソンがわかったら、積極的に話しかけるようにします。キーパーソンはたくさんの人脈を持っているはずなので、キーパーソンと仲良くなることで、新たな出会いや情報に広がっていく可能性も高くなります。自分から話しかけるのが難しい人は、輪に入ることから始めましょう。

会合では、基本的には最後まで残るようにします。

情報を持っている人の「探し方」

STEP 1

探す

自分の周りの友人や知人、同僚など、今まで築いてきた人脈を活かす

STEP 2

つくる

先輩や上司、尊敬している人から紹介してもらう

STEP 3

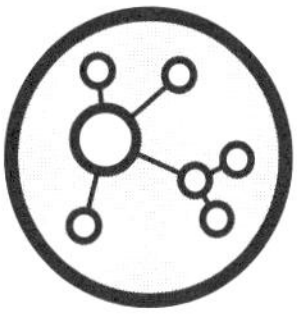

広げる

会合や飲み会に「誘われる」ようになることが理想。利用されているとわかっていても、逆に利用するくらいの気持ちで出席し、人脈を広げていく

人脈はいたずらに広げず、自分にとって必要だと思える相手を選択する。

ですが、無理をしてまでいる必要はありません。自分なりの「帰るタイミング」を決めておきましょう。

私の帰るタイミングの基準は、「不快に思うことが3つ続いたとき」「残っていてもまったく意味がないと思ったとき」「体調が悪いとき」「仕事などほかに優先事項があるとき」の4つです。

この基準は人それぞれですが、肉体的にも精神的にも無理をしないことが肝要です。

会合に出席したあとは、交換した名刺やSNSを使ってのアプローチも忘れてはなりません。ただし、これも無理は禁物です。誰もかれも連絡を取り合うのではなく、自分にとって必要だと思える相手を選択し、そこから人脈を広げていくようにしましょう。

交渉は事前準備が8割

交渉のメインは、「話術」だと思っている人が多いのではないでしょうか。弁護士になりたての頃は、私もそう思っていました。そして、話術には自信があったので、交渉はきっと得意だろうな、とも思っていました。

ところが、実際にやってみると、話術だけではうまくいかず、むしろ話術に頼ると失敗することがわかりました。

では、交渉の決め手とは何でしょう?

それは、**「事前準備」**です。

事前に、まずその相手の情報をリサーチすることから始めるのです。何も知らない状態では、相手がどう出てくるか予測がつきません。自分の不用意な発言から、交渉が失敗に終わってしまうこともありえます。

以前、私はテレビ番組の収録で、あるタレントさんとお話しする機会がありました。「佐藤先生の好きな芸能人は誰ですか?」と聞かれ、自分が憧れている女優さんの名前を挙げたのですが、その途端、場が凍りついてシーンとなってしまいました。

実は当時、そのタレントさんとその女優さんが交際していると週刊誌で話題になっていたのですが、私はそのことをまったく知らず、あろうことか、本人の前で噂の相手の名前を出してしまったのです。

事前準備をしていなかったがために起きた悲劇でした。

この例からもわかるように、相手の情報は知っておくに越したことはありません。

事前準備をきっちりすれば、「結果は8割決まる」と、私は断言します。

事前準備のポイントを解説していきましょう。

まず、「何を聞きたいのか」「何を得たいのか」をはっきりさせておくことです。**相手から得たい経験、ノウハウを自分のなかで具体的にしておく**のです。

当たり前のことのようですが、その点をあいまいにしたまま話し出す人が少なからずいます。

私が必ず聞くのは、その人の「信念」「判断基準」です。

「何を大事にしているか?」がわかると、その人なりのやり方が見えてきます。

そして、**「実践していること、工夫していること」とともに、「実践していないこと、無駄だと思うこと」も聞く**ようにしています。

聞きたいことが明確になったら、次はそこまでの**「道筋を考える」**のです。どのように相手から答えを聞き出すのか、その手順を組み立てます。

ここで重要なのは、**「相手の思考になる」**ということです。私の経験上、自分本位の交渉はほぼ１００％失敗します。こちらから話を振って進めていくのがいいのか、ある程度相手の話を聞いてからこちらの聞きたいことを切り出すのがいいのか、相手の気持ちになって考えると見えてきます。自分が相手だったら、どう考えるのか、何を言われたら喜ぶのか、逆に何を言われたら怒るのかなどを考えて手順を整理していきましょう。

相手の性格、癖、趣味、好きなもののほか、嫌いなもの、その人が触れてほしくないことなどマイナス情報も知っておくようにすると、失敗するリスクを減らすことができます。

事前準備が大切な一方で、交渉は、準備をすればするほど緊張感が高まってくるものでもあります。実際に相手と対面したとき、緊張から頭が真っ白になり、準備してきたことを何も活かせなかったというケースもあります。そのため、**準備段階から「相手がこう言ってきたら自分はこう言おう」と、流れを考えておく**といいでしょう。簡単にいえば、**「予行演習」**です。

私自身も緊張するタイプなので、交渉前は必ずこの予行演習をするようにしています。そのときに思い描くのは、「うまくいかなかったケース」です。

これは、人それぞれで、うまくいくケースを想定したほうがポジティブに臨めるからよいという人もいると思いますが、私は、相手を怒らせてしまうなど、最悪のケースを想定します。そのうえで交渉に臨むと、たとえ現場でうまくいかなくても想定内なので、それほど慌てずにすみます。

しかし、どんなに事前準備をしても、話を聞き出すのは無理な相手もいるはずです。その場合は、深追いせず、潔く対象を変えましょう。

事前準備のポイント

ポイント1

目的を具体的にする

「何を聞きたいのか」「何を得たいのか」をはっきりさせておく

ポイント2

相手の思考になる

どのように相手から答えを聞き出すのか、その手順を組み立てる

ポイント3

情報を収集する

性格、癖、趣味、好きなもののほか、嫌いなもの、その人が触れてほしくないことなどマイナス情報も知っておくようにする

準備ができたら「予行演習」を。最悪の流れを想定しておけば慌てない。

情報を聞き出す

事前準備ができたら、交渉のスキルを使って、いよいよ実際に情報を聞き出してみましょう。

大切なのは、前項でもお話しした「相手の思考になる」ということです。有益な情報を聞き出したいなら、相手の立場になって、心を開いて気持ちよく話をしてもらえるようにすることです。

とくに初対面の相手は、最初は必ず警戒心を抱いています。私は、最初から馴れ馴れしく話しかけてしまい、よく失敗していました。礼儀・マナーを守って謙虚に接することが大切です。ポイントは、**「感謝と関心」**です。感謝の言葉と気持ちを忘れずに、最初はまず、**「相手に興味がある」という態度を見せる**ようにします。

初対面の相手、なかなか話をしてくれない相手の場合は、「共通点」をつくり出すのが有効です。共通点があればあるほど、その人に対する好感度が上がり、信頼関係を築きやすくなります。

共通点は、出身地、血液型、好きなテレビ番組やアイドルなど、何でもかまいません。共通点がないときは、無理にでもつくり出します。たとえば、相手の出身地に行ったことがあったり、同じ出身地の知人がいたりすれば、それを共通点にしてしまうのです。

一つでも共通点があれば、それが距離を縮める突破口になります。

そこから、さらに好感度を上げるため、愛想よく、相手の話にきちんと反応するようにしましょう。

知りたい情報を聞き出すには、話の流れが何よりも重要です。自分が聞きたいことを真っ先に質問したくなるかもしれませんが、いきなり切り出してしまっては、ほぼ100%の確率で答えてはくれません。最初から直球勝負ではなく、聞きたい内容の枠組みに沿った別の話題から始めましょう。たとえば、仕事のやり方について聞きたいのであれば、仕事に関連した周辺の話から始めるようにするのです。

相手が話し始めたら、「聞く」という態度に重点を置きます。自分から一方的にしゃべってしまう人も多いのですが、これもマイナスです。最初は基本的にこちらから質問はせず、相手に語ってもらうように流れを持っていくようにします。

相手が話しやすい話題は、その人の「苦労話」です。こちらから、「大変でしたよね」と話を向けると、たいていの人は「そうなんです。大変だったんですよ」と、話し出してくれます。あとは、「ああ、そうなんですね」「なるほど」と、相づちを打ちながら話を聞くようにします。同調するだけでなく、「よくここまでやってきましたね。すごいですね」と褒めることも忘れてはなりません。

相手が心を開いてくれたら、次は自分の番です。

その人の苦労話を受けて、今度は自分の苦労話、失敗談を話すのです。プライベートをある程度さらけ出すことで、相手も「私にここまで素顔を見せてくれているんだ」と、さらに心を開いてくれます。また、話を聞いて同情し、「アドバイスしてあげたい」という気持ちになってくれる可能性も高いのです。

このとき、自分の話をしながらも、これから聞きたいことを話題として織り交ぜるよ

情報を聞き出す5つのポイント

1 相手の思考になる
相手の立場になって、心を開いて気持ちよく
話をしてもらえるようにする

2 感謝と関心を示す
「相手に興味がある」という態度を見せる

3 共通点をつくる
出身地、血液型、好きなテレビ番組やアイドルなど、
あればあるほどいい

4 苦労話を語ってもらう
相づちを打ちながら、同調するだけでなく、
褒めることも忘れない

5 失敗談を話す
自分のプライベートをさらけ出すことで、
さらに心を開いてもらう

相手の心を開かせるのが重要。距離が縮まるほど有益な情報が手に入る。

うにしておくと、話が核心に移ったときに聞きやすくなります。
ここまでくれば、もう9割は成功です。相手から何でも聞ける状況が整っています。あとは、聞きたいことをダイレクトに聞けば、きっと答えてくれるはずです。

話を聞く時間は、45分から50分までを目安にしましょう。弁護士の法律相談もだいたいこれくらいの時間なのですが、45分から50分くらい経つと、たいていの人は集中力が切れてきます。45分というのは小学校から高校までの授業時間とほぼ同じなので、私たちの体に染み込んだ「聞く時間」といえるかもしれません。

もっとも、情報は1回ですべて聞き出せるとは限りません。成功者ほどいろいろなノウハウを持っていますから、何度も会って話を聞き出す必要があります。
この交渉のスキルを使って相手との距離を縮めれば、さらに深い話、有益な情報が得られるようになります。

人と情報が集まる仕組みをつくる

自分をメディア化する

ここまで読んで情報収集の大切さはおわかりいただけたと思います。なかには、「意外と大変そう」と思っている人もいるかもしれませんが、そんなことはありません。人と情報がどんどん集まる仕組みさえつくってしまえば、ラクに知識やノウハウを得られます。無駄な会合に出かける必要もなく、肉体的・精神的負担も軽減され、時間も節約できます。

その仕組みづくりの一つとして、最も手っ取り早いのが、**「自分をメディア化する」**

ことです。

メディアとは、もともと「媒体」「手段」という意味で、現在では情報を伝える機関やシステムそのものを指していることが多いようです。自分をメディア化するというのは、テレビや新聞のように、自分自身が情報の集まる中心地になるという意味です。もっと簡単に言い換えれば、**「有名になる」**ことです。

有名になると、自然と人が集まってきます。人が集まれば、必然的に情報も集まってきます。自分は何もせず、ただその渦の中心にいるだけであらゆる情報を手にすることができるのです。

私も、独立した当初にテレビに出演させていただいたことがきっかけとなり、その後も数多くの番組に出演したり、ドラマの法律監修をさせていただいたりしました。一部の世界でではありますが、有名になったおかげで、今このように著作を出版できるまでになりました。自分をメディア化した結果、自ら会合を探さなくても、逆に多くの人から誘われるようになり、間断なく「いい人」と「いい情報」に巡り合えています。

とはいえ、多くの人にとっては、テレビに出ること自体が至難の業です。もっと簡単に自分を有名にする方法をお教えしましょう。

一つは、**「リーダーになる」**ことです。学生ならサークルやゼミ、社会人なら会社の部署、あるいは趣味のサークルなど、何かの組織のリーダーに立候補するのです。

リーダーになるのは気が重いという人は、会合や勉強会、旅行などの幹事を引き受けることでもいいですし、自らイベントを企画するというのも手です。

また、**「自分で自分の肩書をつくる」**という方法も効果があります。人は、とかく肩書に弱いものです。もらった名刺に横文字の肩書が書いてあると、よくわからなくても「この人はすごい！」と思ってしまいます。肩書は、「言ったもの勝ち」でもありますから、オリジナルの肩書、インターネットで検索されやすい肩書をつくってしまいましょう。そのほか、趣味のブログを書いたり、ＳＮＳに投稿して人の関心を引くことも、自分をメディア化することにつながります。

とにかく、自分の特徴を打ち出し、**「目立つ」「注目される」**ことが大切です。小さなことでも自分から発信していくと、人から注目され情報も集まってくるようになります。

自分をメディア化する

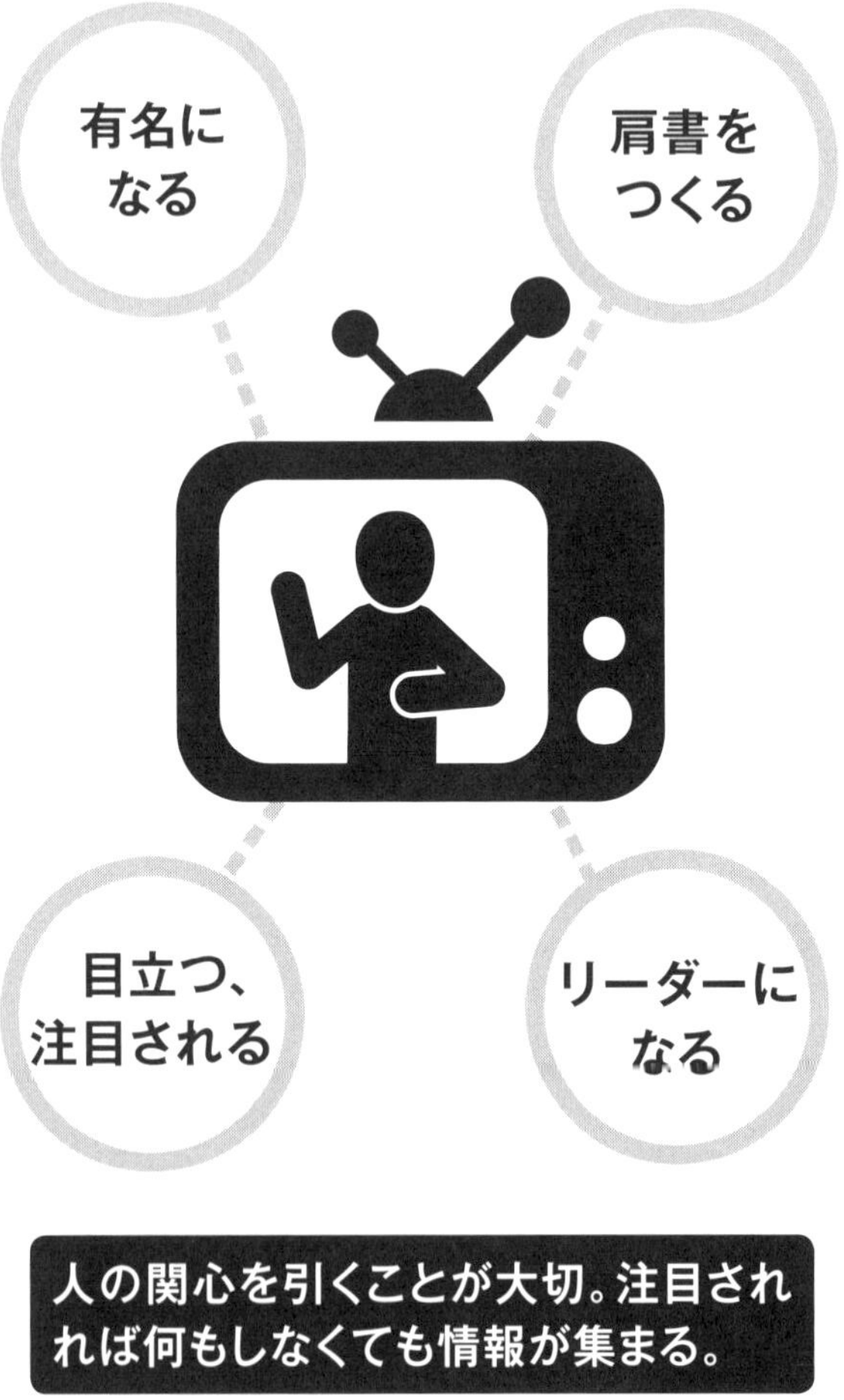

人の関心を引くことが大切。注目されれば何もしなくても情報が集まる。

オタクを取り込む

わからないことがあるときは、「オタク」に聞くのが、一番の近道です。

「オタク」というのは、一言でいえばその道の「プロ」です。専門家や研究者など、その分野についての知見がある人たちのことです。

「餅は餅屋」という言葉があるように、法律のことなら弁護士、病気のことなら医師に聞けば、その分野に特化した最高の情報を得ることができます。同じ弁護士でも、分野は細分化されていますから、たとえば「離婚」について知りたければ、その専門家に聞くのが一番です。私も、自分があまり知らない分野は、弁護士の先輩や友人たちに聞くようにしています。やみくもに情報を集めていては、時間もかかり、二度手間にもなりかねません。

そうはいっても、その道のスペシャリストと知り合う機会はなかなかありません。こちらから積極的に探していくことが必要になります。

今の時代、インターネットで簡単に専門家を調べることができます。直接電話をかけてアポイントをとるのが一番の近道ですが、これは少々ハードルが高いかもしれません。

もう一つの方法としては、**友人に紹介してもらう**ことです。友人の知り合い、あるいはSNSでつながっている人のなかから、自分が知り合いたい専門家を紹介してもらうのです。友人を介してだと、相手も邪険にはできないので、親身になって話を聞いてくれる可能性が高いはずです。

さらに簡単にできることは、**今持っている名刺の肩書を再チェックする**ことです。これまで交換した名刺をもう一度見返して、すでにある人脈のなかから特定の分野のスペシャリストを探し、連絡をとるのです。

日頃から意識してアンテナを張り、専門家と知り合う機会をうかがうことも大切です。

しかし、注意しなければならないことがあります。

オタク、専門家はプロですから、その知識を生活の糧としています。情報を得るためには、何かしらの対価を払う必要があります。プロからタダで情報を聞くのは、ラーメン屋を経営している友だちに「タダでラーメン食べさせて！」と言っているのと同じになってしまいます。

この場合の対価は、必ずしもお金である必要はありません。「ていねいなお礼の言葉を言う」「きちんと結果を報告する」など、感謝の気持ちを伝えることです。この当たり前のことを怠ってしまうと、もう次はありません。

とはいえ、本音をいえば、その友だちにタダでラーメンを食べさせてもらえたら、それに越したことはないですよね。そのためには、相手にとって有益なものをこちらからも提供するのです。おいしいお店やステキな異性を紹介するのでもいいでしょう。相手からも「使える」と思ってもらえれば、ウィンウィンの関係になり、次も気持ちよく情報を教えてくれます。

これで、自分だけの「オタクの連絡網」が完成します。この連絡網をフルに活用し、継続的に専門知識を手に入れていきましょう。

売り手市場が学びの機会を与える

前々項で、「自分をメディア化する」ことをお伝えしました。メディア化するには、自ら行動を起こすことが必要でしたが、この項では自分から飛び込まず、むしろ相手から誘われるようなポジションをつくる技をお教えしましょう。

それは、**自分を「売り手市場にする」こと**です。

「売り手市場」とは、簡単に解説すると、売り手が有利な市場という意味です。逆に買い手が有利な市場は「買い手市場」となります。たとえば、いつも長い行列ができている人気のショップや施設は、店側の都合に客のほうが合わせるので、売り手市場です。

情報収集においても、自分を売り手市場にすれば、買い手から求められ、人も情報も集まってくるようになります。そのためには、人が集まってくるような人になること、すなわち**「自分の商品価値を高める」こと**がポイントになってきます。

「商品価値を高める」というと、難しいことのように思えるかもしれませんが、要は**相手から「また会いたい」と思われるような人になること**です。向こうからこちらに来るような状況をつくるのです。相手のほうから求められるのですから、売り手である自分が優位になります。

「また会いたい」と思われるためには、人を惹きつける「引力」が必要です。人から追いかけられるような、いわば「カリスマ性」です。カリスマ性は持って生まれたものだという意見もありますが、私は、ある程度自分でつくれるものだと考えています。

カリスマになるのは、それほど難しいことではありません。まずは背筋をピンと伸ばすようにしましょう。堂々とした雰囲気をまとっていると、「何か持っている」と人に思わせることができます。他人に「オーラ」を感じさせるのです。

そして、常に明るく笑顔で、ハキハキとしゃべり、ポジティブでいることです。そのような人のところに、自然と人は集まってくるので、必然的にいい情報が入り込みやすくなります。

さらに、**「希少性」を持つことも大切**です。会合に誘われても、あえて数回は出席しないでおくと、人にミステリアスな雰囲気、レアな印象を与えることができます。そうすると「どんな人なんだろう?」「会ってみたい」と思われ、周囲から追いかけられるようになります。

また、**「エンターテインメント性」も重要な要素**です。テレビで人気の芸人さんたちは、それぞれエンターテインメント性を持っているからこそ、世間の注目を集めています。もちろん、プロの芸人さんたちのような高度なテクニックは必要ありません。ちょっとしたひと言で人を笑わせるのでもいいですし、面白そうな話題を提供するのでもいいでしょう。あるいは、よく通る声で話すだけでも、人は興味を持って振り向いてくれます。

大切なのは、人を楽しませることができる人になることです。

そして、**「自分の信念を持ってまっすぐに生きること」「夢を語ること」**です。ほとんどの人は、自分の信念や夢が何なのかわからず、漠然とした毎日を送っています。そういうなかに、強い意志を持って語る人が現れたら、興味を持つのは当然です。

私も、以前の事務所を辞めて独立してから、ずっと夢を語ってきました。堂々と夢を語る人はあまりいないので、みんなが私の夢を聞き、その内容に賛同してくれました。そのおかげで私の事務所は成長し、今や多くの司法試験合格者たちが入りたいと押し寄せる人気事務所の一つとまで言われるようになりました。

さまざまな人を引き寄せることにより、自然と周囲に有能な人、成功した人も増えていきます。その人たちが、自分の足りない部分や課題を提示してくれ、その解決方法をも教えてくれるはずです。**人も情報も集まるサイクルのなかで、自分自身も成長できる**のです。

人づき合いが成長を促す

自分より優れている人の懐に飛び込む

私は、弁護士になりたての頃、優秀だなと思う先輩がいたらとにかく一緒に法律相談を受けるようにしていました。何かを質問すれば、指導や助言をしてくれますし、何よりそばにいることでその人のスキルも盗むことができます。このとき覚えたことは、後々おおいに役に立ちました。

自分より優れている人は、自分を成長させてくれますし、もちろん、いい情報、ノウハウもたくさん持っています。この人たちから学ばない手はありません。

私は今でも、自分より優秀な人、学ぶべき点の多い人と深く付き合うことを重要視しています。「すごいなぁ」と思う人がいたら、すぐにアポをとって直接会うように心がけています。たとえ具体的なスキルが得られなかったとしても、目の前でその人の身振りや話し方に触れ、大物ならではのオーラを体感できるだけでもじゅうぶん勉強になります。

ただ見ているだけでは、何も得られません。ここでも交渉術を使い、自分のほうから思い切って飛び込んでいきましょう。

飛び込む相手は、自分の追求している分野の人はもちろん、違う分野の人でもかまいません。そして、優秀だと思えば、年上も年下も関係ありません。たとえ相手が年下でも、頭を下げて教えを請う勇気が必要です。

相手と会ったら、**最初は「相談」を持ちかけます。**

優秀な人というのは、懐も深いものです。こちらが「迷っている」「悩んでいる」という態度で相談すると、悩みを聞いてくれ、適切な助言をしてくれます。

話を聞くときは、**「聞く力」**を大切にします。相手の言葉にうなずき、謙虚な態度で耳を傾けていると、相手も「ちゃんと話を聞いてくれているんだな」と思い、もっと知識や情報を教えようとしてくれます。

相手が優秀であればあるほど、1回で終わらせるのはもったいないですよね。そこで、関係を継続させるため、その後もこまめに相談していくのです。「頼りにしている」という態度と謙虚さを忘れず、必ず感謝の言葉を口にするようにしましょう。

結果を出している人は、自分も努力していろいろな知識を吸収し、そのポジションを得ています。かつての自分のように頑張っている姿を見れば、適切なアドバイスをしてくれるはずです。

優れている人の懐に飛び込んだあとは、さらに一歩踏み込んで、相手と師弟関係を築いていきましょう。

師弟関係の最大のメリットは「一対一」という関係です。

たとえば、学校や塾の授業では、大勢の生徒に対し、先生は一人です。日本人は基本的に恥ずかしがり屋なので、授業中に積極的に手を挙げて質問する人はあまりいません。わからなくても、あえて何も言わず、わからないままにしてしまう人も多いでしょう。先生も、一人ではなかなか目が行き届きません。その結果、学びの質は低下してしまいます。

「一対一」になると、師匠と直接話をすることができ、こちらが知りたいことをピンポイントで聞いて、真似ることができます。師匠側も、一人に集中しているので、どこが足りないかをすぐに察知することができ、より的確に教えてくれます。「一対一」の濃密な時間が、自分を引き上げてくれるのです。

師匠と仰ぎたいほどの人がいたら、直談判あるのみです。

「いろいろ教えてください！」「弟子にしてください！」と、とにかく頼み込むのです。たいていの人は「師匠」と呼ばれて悪い気はしないものです。おそらく、喜んで教えてくれるでしょう。

私も、新人時代に「師匠」と慕っていた先輩がいました。法律相談を受けたらほぼ100％の確率でそのまま依頼されるような優秀な人でした。私はその人についてまわり、一から十まで教えてもらいました。とくに面談の際のスキルは飛び抜けて優れていて、具体的なやり方をいくつも教えてもらいました。私自身も、今、相談を受けたらそのまま依頼を受けることが多いのですが、それができているのも、このとき、「一対一」で学んだおかげだと思っています。

ただし、**師匠と弟子は、「一対一」の関係だからこそ、相性が大切**です。

性格はもちろん、ものごとに対する考え方、進みたい方向なども一致していないと、一緒にいることがつらくなってしまいます。

自分にマッチする師匠を選ぶのはなかなか難しいことですが、そのぶん、出会えたときの学びは何倍にも膨れ上がるのです。

ポジティブな人とつき合う

ポジティブな人とは、どんな人でしょうか？

私は、**「運を持っている」人**だと考えます。

ポジティブな人は、とにかく明るく前向きです。そういう人と一緒にいると気持ちがいいので、周りには自然と人が集まってきます。同時に、いい情報も集まってきます。いい情報はいい運をもたらします。この好循環が続くから、**ポジティブな人は、運を引き寄せやすい**のです。

逆に、ネガティブな人がいると、人間は本能的に避ける傾向があります。人が寄りつかなければ、当然いい情報も集まらず、運も舞い込みません。まさに、悪循環です。

実は、弁護士も、ネガティブな連鎖に巻き込まれやすい職業の一つです。相談者の悩みをダイレクトに受けてしまうからです。私は、後輩たちには「自分を当事者化しない」ということを教えています。依頼者を救いたいのなら、あえて依頼者の気持ちに同化せず、客観的に向き合ったほうが、結果的に救うことになるのだ、と。

ニーチェの言葉に、「怪物と戦う者は、そのためおのれ自身も怪物とならぬよう気をつけるがよい。お前が永いあいだ深淵をのぞきこんでいれば、深淵もまたおまえをのぞ

「きこむ」というのがあります。怪物と対峙するときは、闇のなかから伸びてくる手につかまれ、引き込まれてしまうリスクがある、という意味です。

一度負の連鎖に入ると、なかなか抜け出せなくなり、最終的には自分が大きなダメージを受けてしまいます。そうなる前に早めに手を引き、勇気を出してネガティブな人間関係を整理することも必要です。

人付き合いは大切ですが、人のなかにも「いい人」と「悪い人」がいます。

「いい人」や「すごい人」は、たいていポジティブです。多少の失敗をまったく気にしないポジティブな思考があるからこそ、大きなことを成し遂げているケースが多いからです。

「ポジティブな人は運を引き寄せやすい」と言いましたが、ポジティブな人は、人も引き寄せます。ポジティブな人の周りには、また別のポジティブな人が集まってくるのです。

いい人、すごい人も同じで、一人と知り合えば、その背後には10人のいい人、すごい人がいます。一度の出会いが次の出会いを引き寄せるチャンスとなり、何倍にも人脈は広がっていきます。

いたずらに知り合いを増やすのではなく、**ポジティブな人、成功している人との関係を深めていく**ようにしましょう。それが自己成長につながります。

分野ごとのメンターを3人つくる

世の中には、「メンター制度」という仕組みがあります。

メンターとは、もともと「指導者」「助言者」という意味です。

最近の企業では、直属の上司とは別に、ほかの先輩が「メンター」として新人の指導や相談にあたる「メンター制度」を導入しているところが多いと聞きます。

また、若くして成功している経営者には、必ずといっていいほど「メンター」がいます。20～30代の経営者のホームページを見ると、相談役や取締役に60～70代の人が名を連ねていることがあります。この人たちは相談役や取締役という肩書でありながら、経営者にとってのメンターの役割も果たしているのだと推測できます。長年の経験を若い経営者に伝えたり、困ったことがあれば相談に乗ったり、アドバイスをしてくれているのです。

経営者やリーダーでなくても、学生でもビジネスパーソンでも、誰でもメンターを持ち、活用することができます。知識と経験を持ったメンターたちから助言を得ることで、成功への道が開け、人生をラクにすることができます。

私は、このメンターを分野ごとに3人ずつつくることをおすすめします。

なぜ3人かというと、「三本の矢の教え」「三人寄れば文殊の知恵」などといった言葉があるように、3人いれば力を合わせて足りない知識を補い合うことができるからです。

先ほどもお話しした通り、メンターは自分にとっての「指導者」「助言者」ですから、成功している人、結果を出している人のなかから選びます。3人と言いましたが、たとえば、同じ会社のなかから3人選ぶのではなく、社内と社外から1人ずつ、さらに、全然違う分野から1人選ぶようにします。

「木を見て森を見ず」という言葉の通り、社内だけでは視野が狭くなってしまいます。しかし、森ばかり見ていると今度は木を見なくなってしまうので、**社内と社外、両方の視点が必要**です。立ち位置が異なるメンターは、まったく違う角度から助言をしてくれるので、これも必須です。

社内で探すのが難しければ、同じ分野の先輩のなかから選んでもいいでしょう。私の場合も個人事務所なので、社内にメンターはいません。その代わり、自分と同じく弁護士で経営者でもある先輩を、社内のメンターのつもりで頼っています。他のメンターもそれぞれ専門性を持っているので、困ったときに相談すると、ある程度の答えがもらえます。

メンターは、一つの分野だけに置くのでもいいですが、そのほかの分野にもいると、さらに強力な支えになります。

私は、**「自分が得意でさらに伸ばしたい分野」「苦手、心配な分野」「これから新規開拓したい、興味のある分野」**の3つの分野に置くことをおすすめします。そして、それそれの分野に、社内、社外、別の分野の3人のメンターがいれば、もう怖いものなしです。

しかし、メンターはつくりすぎには注意が必要です。メンターがたくさんいると、必然的に付き合いが増え、プライベートにも影響が出てしまう恐れがあるからです。

メンターはつくりすぎず、広げすぎず、先にお話ししたように3分野×3人の9人くらいにとどめておきましょう。

メンターのつくり方

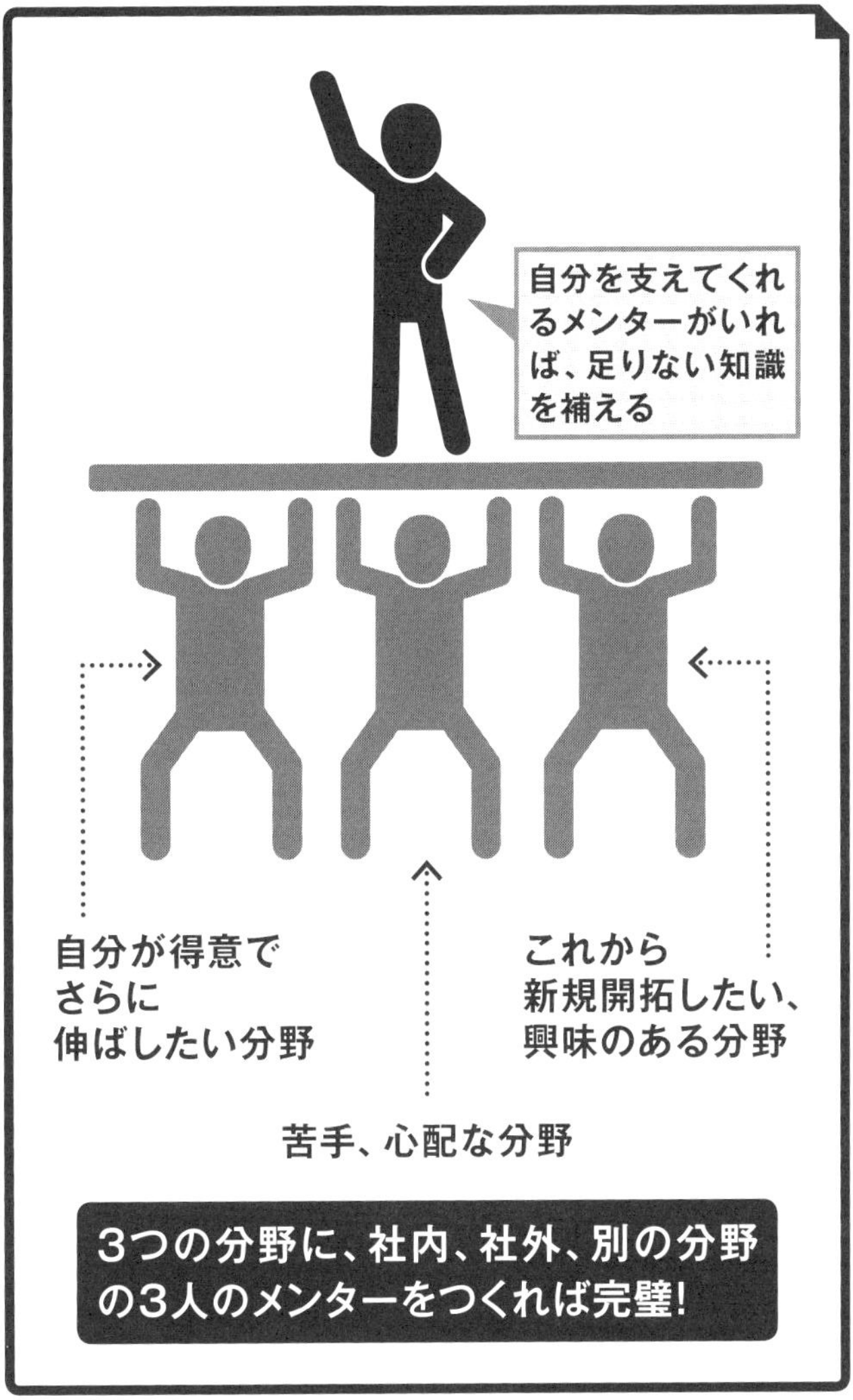
自分を支えてくれるメンターがいれば、足りない知識を補える
自分が得意でさらに伸ばしたい分野
これから新規開拓したい、興味のある分野
苦手、心配な分野
3つの分野に、社内、社外、別の分野の3人のメンターをつくれば完璧!

今日から使えるハッタリ交渉術

わからないことは「わかる」と言う

わからないことは「わかる」と言う。いったいどういう意味だろうと悩んだ人もいるかもしれませんね。

これは、一言でいうならば、**「ハッタリ」**です。

私の大好きな漫画『カメレオン』の主人公・矢沢栄作（ヤザワくん）は、いじめられっ子ながらヤンキーの頂点に立ちます。ケンカの弱いヤザワくんが、なぜ頂点に立てたかというと、運もあるにはあるのですが、主に「ハッタリ」のおかげなのです。

ハッタリと聞くと、たいていの人は「よくない」と、否定的な意見を言います。ですが、このヤザワくんのように、**ラクして結果を出すためにはハッタリも必要**なのです。

会合で、政治や経済など難しい話題が出たとき、素直に「わからない」と言ってしまうと、門前払いされるというケースが多々あります。彼らは話のわかる人同士で話をしたいため、無知な人間は相手にしたくないのです。しかし、そのままでは永遠にカヤの外になってしまいます。近づいて情報を得るためには、ハッタリが役に立ちます。

私流のハッタリのポイントは、「わからない」と絶対に言わないことです。**わからなくても、わかっているように相づちを打っておく**のです。

そして、**話しすぎない**ことです。尊敬する大先輩たちが集まっていたりすると、つい話したくなってしまうかもしれませんが、知らない分野は必ずボロが出ます。知ったかぶりもご法度《はっと》です。話したい欲求を極力抑え、タイミングがくるまでしゃべらないこと。

相手の話を聞くことに重点を置きましょう。

話を聞いていると、逆に意見を求められることがあります。内心冷や汗をかいていても、ここは何食わぬ顔で乗り切りましょう。

必殺技は、「ほかの人の意見を引用する」ことです。

「○○さんは、こう言ってましたよね」と、自分の意見を言わずにほかの人の意見を引き合いに出すのです。もし、まだ誰も意見を言っていなかったら、「○○さんは、どう思いますか？」と、ほかの人に話を振ります。もしくは、少々強引かもしれませんが、話題を自分のテリトリーのほうに持ってきてしまいます。これぞ、ハッタリです。

『カメレオン』のヤザワくんも、ケンカをするときはほかの誰かを使っています。「ずるい」と思われるかもしれませんが、これも私の「ずるい勉強法」の根幹である「ラクして結果を出す」につながります。

無知も逆手にとれば、カンフル剤になるのです。

年上の方々が多い会合に出ると、話がちんぷんかんぷんという経験は、私にもありま

わからないことは「わかる」と言う

基本

相づちを打つ

本当は
わからない
けど……

素直に「わからない」と言うと、門前払いされることも。わからなくても、わかっているようにふるまうことは、情報を得るためにも、時には必要

応用

ほかの人の意見を引用する

○○さんは、
こう言って
ましたよね
○○さんは、
どう思いますか？

自分の意見を言わずに、周りの人に話を振って難を逃れたり、自分の得意分野に話を引き込んだりするのも常套手段

ハッタリでも「わかってる」と見せるのが大事。あとで勉強すればいい。

す。でも、そこで「知りません」と言うと、話の腰を折ってしまいますし、今後呼んでもらえなくなる可能性もあります。

そこで私は、相づちを打ちながら、なるべく目立たないようにしています。それで、とりあえず「わかっている」というかたちはつくれます。**次につながることが大事なのですから、あとは、次回までに勉強しておけばいい**のです。

大勢の人がいる場では、これまで述べたような交渉術が有効ですが、一対一では通用しないこともあります。

そのときは、正直に「わからない」と伝え、無知を認めて素直に教えを請うほうが賢明です。

「失敗している」ようにわざと見せる

人間には、自分より弱い者、知識や経験が少ない者に対して、「助けてあげたい」「何か教えてあげたい」という意識が備わっています。

これは、心理学でも「アンダードッグ効果」と名付けられ、立証されています。アンダードッグとは「負け犬」を意味し、一生懸命頑張っている人が失敗したり報われなかったりしていると、助けたくなるという心理効果のことです。

この項では、そのような人間の本能を刺激して、有益な情報を得る方法をお伝えします。

それは、**「『失敗している』ようにわざと見せる」**ことです。

失敗とは、言い換えれば、「弱みを見せる」ことでもあります。**弱みを見せることによって、相手は、何とかしてあげようと、救いの手を差し伸べてくれます。**

アイドルや歌手の卵が「手売りで1万枚売ったらデビューできるんです！」とＣＤを宣伝するケースがありました。商品でも、「注文しすぎてしまったので、助けるつもりで買ってください！」というようなキャッチコピーを目にします。これと同じような手段を、交渉でも使うのです。

私は、対人関係のコツを知りたいと思ったときに、対人関係がうまくいっている人に、あえて自分の失敗談を話したことがあります。その結果、「相手に対し、過度に感情移入や期待をしない」「人は考えていることと言っていることが違うことがあるので気をつけたほうがいい」など、人と上手につき合うノウハウを聞き出すことができました。

本当はそれほど失敗していないことでも、失敗したと伝えると、相手が助けてくれ、その結果、ノウハウを聞き出すことができます。

もっとも、気をつけてほしいのは、「弱み」と「頼りなさ」は違うということです。頼りなさが前面に出てしまうと、「助けたい」という思いよりも「こいつ、大丈夫か?」と、相手に不信感を抱かせてしまいます。心配や不安が先に立ち、自分のもとから離れていってしまうかもしれません。

弱みは、あくまで頼りがいがある人が見せることが前提です。人から尊敬されているリーダーが、ふとしたことで失敗すると、周りは「協力して窮地を救おう」と思うようになります。普段しっかりしている人が、弱音を吐いたり、相談を持ちかけてきたりしたら、「よっぽど困っているんだな」と思って、親身になって相談に乗ってくれるはずです。

また、あえて「知りません」「わかりません」と言ってみることも大事です。

あえて失敗してノウハウを聞き出す

**弱みを見せると相手は助けてくれる。
教えを請う姿勢で謙虚に聞くこと。**

「わからないことは『わかる』と言う」こととは真逆になりますか、これも弱みの一つで、相手に「知らないことがあるなら教えてあげよう」と思わせる効果があります。

このように書くと、あえてそういう行為をして相手を利用しようと言っているように捉えられてしまいそうですが、そうではありません。ときには人を頼ることも大切だという意味です。

何でも自分一人でやるのは、限界があります。ラクして結果を出したいのであればこそ、謙虚に教えを請う姿勢を心がけましょう。

第4章

努力しなくても続けられる、やる気がみなぎる方法

「やる気」とは、欲求を満たすためのものである

「継続は力なり」と、よく言われます。続けていれば、いつかは目標を達成することができるはずなのです。しかし、わかっていても、人はこの「続ける」ということがなかなかできません。

勉強を続けるためには、「やる気」が必要ですが、漠然と「やる気を出せ」と言われても、簡単に出せるものではありません。何らかのエネルギーが投入されて初めて、やる気に火がつくのです。

そのエネルギーとは、何でしょうか?

心の奥底にある、人間の根本としての「欲求」です。

自分の欲求に向き合い、自分は何を求めているのか、何をしたいのかを明確にすると、人はその目標に向かって動くことができるようになります。

たとえが古いのですが、蒸気機関車を思い浮かべるとわかりやすいかもしれません。

蒸気機関車は、石炭などの燃料を燃やし、その熱エネルギーの力で走ります。走り続けるためには、常に燃料を火にくべて、燃やし続けなければなりません。燃料を入れるのをやめると、機関車は止まり、動かなくなってしまいます。

これと同じように、勉強を続けるためには常に原動力となる欲求を投入していく必要があるのです。

どんなにきれいごとを言っても、そもそも人間は、欲求を満たすために生きています。

みなさんも、お腹が空いたからご飯を食べ、眠いから寝て、遊びたいから遊んでいますよね。欲求を満たすことは、いわば人間の本能ともいえます。お腹が空いてどうしようもないときは、ほかのことが何もできず、何も考えられませんが、ご飯を食べ、空腹が満たされると満足し、次の行動に移れるようになります。

本能的なものでなくても、**「〇〇したい」という欲求は、自分をやる気にさせてくれます。**さらにそこに**「面白い！」「楽しい！」という感情が生まれれば、もっとやる気**

になり、努力しなくてもラクに続けていくことができます。

逆に、欲求のないものに対しては、やる気が起きません。「つまらない」「楽しくない」といったマイナス感情があると、どんどんやらなくなってしまいます。つらかったら続かないのは、当たり前のことです。

かつては、無理をしてでも、歯を食いしばって続けることを強いるような「根性論」で勉強させられた時代もありましたが、そんな無茶なやり方では絶対に続きません。

無茶にも「いい無茶」と「悪い無茶」があります。「悪い無茶」とは人から押しつけられ、いやいややらされることです。ブラック企業がいい例ですが、そのような状態に追い込まれたら、心も体もボロボロになってしまいます。

「いい無茶」とは、やる気に火がついて、睡眠時間を削ってでもやろうと思うような状態です。みなさんにも、心がワクワクドキドキして、「いつまでも続けていたい！」と思った経験はありませんか？ **自分の欲求と結びつき、楽しいと思うからこそやる気は生まれ、行動につながっていく**のです。

何もしたいことがない人は、**「幸せになりたい」でもいい**のです。そこから逆算して、「どうしたら幸せになれるのか」を考えてみましょう。

日本人はとかく建前を意識して、なかなか本音を言わないものですが、恥ずかしさを捨て、自分の欲求と向き合うことが重要です。

感情をゆさぶり、習慣にする

思考は悲観的に、行動は楽観的にする

多くの人は、何か行動を起こす前に、こう考えるのではないでしょうか。

「失敗したらどうしよう」

「うまくいかないかもしれない」

新しいことを始めるときや、勇気を持って決断しなくてはならないような事態のときほど、人はこのように悲観的に考えてしまいます。その結果、行動できなくなってしまうことが多々あります。

しかし、それでは自分の道は開けません。

中国の兵法書の古典『孫子』のなかに、このような言葉があります。

「将、吾が計を聴きて之を用うれば、必ず勝たん」

万全な準備をしておけば、心配しなくても勝てるという意味だと言われています。

つまり、準備の段階ではリスクに対する解決策を練りながら悲観的に考え、行動を起こすときは楽観的に動く、ということです。

私自身も、日頃、このような思考で行動するようにしています。

リスクについては、最悪のケースをとことん考えておきます。たとえば、「もし事務所の経営が失敗したら、みんなが離れていく」「離れていったら、事務所がなくなるかもしれない」「そうなったら、人から恨まれるかもしれない」などと、徹底的に悪いことをシミュレーションしておくと、たいていのリスクには動揺せずに対応することができます。

また、そこまで自分を追い込むと、いわば「背水の陣」で、「そうならないためにも頑張らないと！」と、気持ちが奮い立ちます。

とことん悲観的に考えたあとは、とことん楽観的に行動します。

「ここまでリスクを考えて準備したのだから、まぁ、何とかなるだろう」という気持ちで飛び込むのです。そして、できるだけ成功するイメージを思い描くようにします。

事務所を立ち上げたとき、私は「世界一の法律事務所をつくる」という大きな夢を掲げたものの、実際はお金も人脈もありませんでした。ですが、「最悪の場合は、破産すればいいや」と、楽観的に考え、夢に向かって飛び込んでいきました。もし何も行動せず飛び込まなかったら、今の私はいないでしょう。

動かなければ何も始まりません。最初の一歩が次の行動につながります。「行動が行動を生む」のです。行動した結果、いいことがあったり、成功したりすると、人の脳にはドーパミンという快楽を感じる神経伝達物質が分泌されます。それにより、「もっと行動しよう！」と、次のステップへと続いていくのです。

たとえば、みなさんがある有名な講師のセミナーに参加したとしましょう。話に感銘を受けたみなさんは、すっかりその先生のファンになりました。セミナーが終わって、「質問はありますか?」と投げかけられ、みなさんは躊躇します。

「質問しなければわからないままだ」

「ここで質問をしなかったら、もう二度とチャンスはないかも」

「変なことを聞いて恥をかいたらどうしよう」

しかし、このように考えて行動してみるのです。

「勇気を出して質問したら、先生と親しくなれるかもしれない」

「恥をかいても、どうせ周りは知らない人ばかり。もう会うこともないだろう」

すると、心がラクになり、「とりあえず質問してみよう!」という気持ちになります。

そこでうまくいき、先生と親しくなれれば、さらにその先の行動にもつながります。

ここで**大切なのは、「最初から完璧を目指さない」ということ**です。

誰もが最初から100点を取ることはできません。最初は10点でも20点でもいいのです。続けていけば、少しずつでも確実に成果は上がっていきます。

思考は悲観的に、行動は楽観的にする

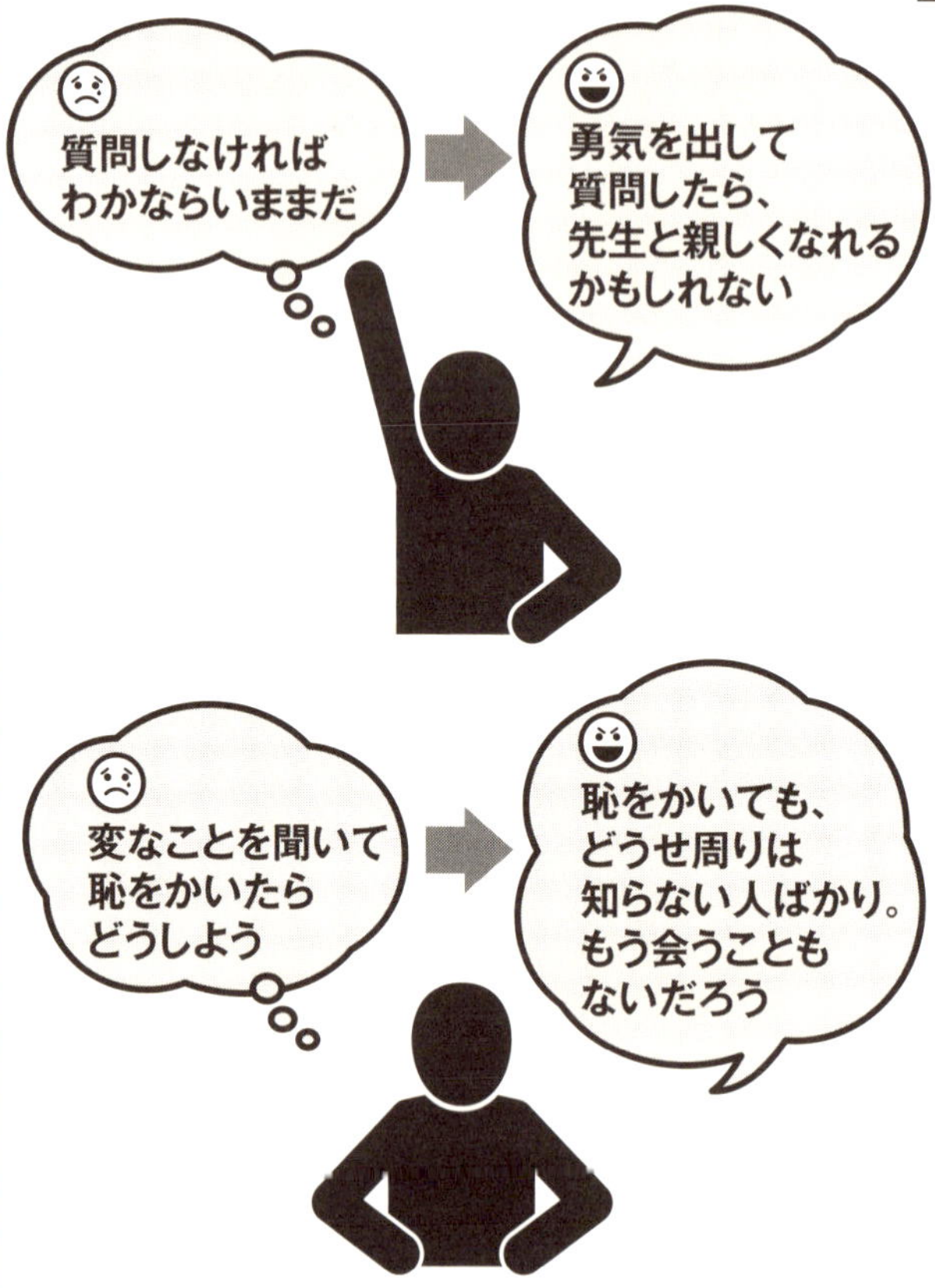

「やらなかったらまずい」という悲観的な気持ちが行動を後押しする。

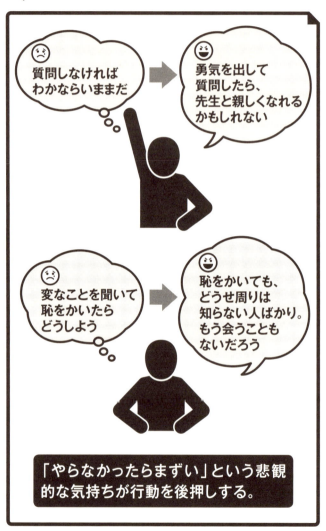

情熱を力に変える

勉強を続けるためには、欲求を明確に持つべきです。欲求があれば、人は情熱を燃やしながら取り組むことができます。

米国の心理学者アンジェラ・ダックワース氏の提唱する能力に「グリット」というものがあります。

重要な目標に向かって長年努力を続け、やり抜く力のことを意味しています。

社会で成功するためには、生まれ持った才能や知能、学歴ではなく、このグリットこそが必要だと言われています。

そして、**グリットに欠かせないのは、欲求を満たそうとする情熱**です。情熱をエネルギーに、やり抜く力を持続させていきましょう。

最初に、自分の欲求を明確にします。第1章でも少しお話ししましたが、この欲求は、きれいごとではない、本能的な欲求です。「モテたい」「お金が欲しい」など、一生思い続けることができ、かつできるだけシンプルな欲求です。

次に、限りなく大きな目標を立てます。「お金が欲しい」という欲求を持っている人だったら、「長者番付にのる」「大企業の社長になる」などでもいいです。この大きな目標が、みなさんの情熱の火を燃え上がらせてくれます。この目標に向かって「やるぞ!」と意欲がわいてくるのです。

私の場合、「500年後にも残る事務所をつくる」「自分の事務所を世界一の事務所にする」などと公言していました。こう言うと、「500年後には生きてないでしょ」「世界一の基準って何なの?」などとツッコミが入るのですが、目標は大きければ大きいほどいいと私は考えます。

今度は、その大きな目標から逆算して小さな目標をつくっていきます。社長になるために、「まず経営学を勉強する」「営業力を磨いて独立を目指す」「人脈をつくる」など、夢に向けて今からできる目標をつくるのです。これが、情熱の火を維持していく力になります。

そして、その小さな目標をクリアしていくことを習慣にしていきます。

小さな目標は、数値化することが重要です。大きな目標は主観的なものでもいいのですが、小さな目標は、客観的に見てもわかるものでないと、達成したかどうかの判断がしづらいからです。

私なら、「月1000万円の売上を目指す」「従業員を1年後に10人増やす」「弁護士ランキングトップ100に入る」などです。

誰が見てもわかるような、具体的な数字を織り込むようにしましょう。

小さな目標も、達成できないと落ち込むことがあります。どんなに情熱を維持しようとしても、心が折れることもあります。私にもそのようなときがあります。

そのままやる気を失ってしまわないよう、**情熱の火を再点火させる「スイッチ」をつくっておきましょう**。

私の場合は、「大好きなDVDや漫画を見ること」「音楽を聴くこと」、そして「自分がライバルと思う相手や、向上心にあふれる人、尊敬している人に会うこと」などをスイッチにしています。DVDや漫画、音楽は、単純に気分を上げてくれます。そして、人と会って話をすることで「負けたくない」「こんなふうになりたい」という気持ちが芽生え、やる気が満ちてきます。

この情熱のスイッチは、みなさんが思っている以上に効果絶大です。なぜなら、「頭」ではなく「心」に訴えかけてくるものだからです。**感情がダイレクトに揺さぶられると、情熱の火は再点火します**。そして、再び点火した炎は、なかなか消えるものではありません。

99％の人に「NO」と言われても実行する

やる気を維持するための秘訣は、とにかく高い目標を持つことです。

私の大好きな人物の一人に、吉田松陰がいます。みなさんもご存じかと思いますが、幕末期、多くの人々に影響を与えた武士であり思想家です。

その松陰は、次のような言葉を残しています。

「如何如何、僕已に狂人、孔孟流儀の忠孝仁義を以って一々責められては一句も之なし」

これは、「自分はすでに狂人だ。一つの道にまっしぐらに進むことしか頭にない。それを、孔子や孟子の道徳的な教えを引いて責められても、言うべき言葉は見つからない」という意味です。

松陰の言う「狂人」とは、狂ったような情熱と高い目標を持った人のことだと私は解釈しています。**常人では考えられないような壮大な目標が、夢を実現させるエネルギーになる**のです。

私は、以前勤めていた法律事務所から独立する際に、ほかの弁護士仲間から「絶対に無理だ」「東京では難しい」などと言われました。アドバイスはありがたかったのですが、逆に「絶対に大きな事務所をつくってやる！」と奮起し、今、私の事務所は国内有数の規模にまで成長しています。

「司法試験を受ける」と宣言したときも笑われましたし、今も、前項でお話ししたように「世界一の事務所をつくり、５００年後にも残す」と言っては、やはり多くの人に笑われています。

ですが、松陰のように、世に名を成した人たちは、常識でははかることができないくらいの大きい志を持って、成功させている人ばかりです。

100人いたら99人が無理と言うくらいの大きい目標を掲げて進んでいくべきだと、私は強く思います。

北海道にある「植松電機」は、社員約20名の中小企業です。ある日、専務取締役の植松努氏（現・代表取締役）が「ロケットをつくる」と言ったとき、周囲の全員が「そんなことできるわけがない」「無理だ」と反対しました。しかし、植松氏は、『「どうせ無理だ」と言わない』をモットーに、宇宙開発事業を始め、ついにはロケットや人工衛星をつくることに成功したのです。

このように、誰が見ても無理だと思うような目標も、信念を持って臨めば達成することができます。**高い目標が人を奮い立たせ、やる気にさせてくれる**のです。

どうしても具体的に高い目標を持てないという人は、「世界一幸せになる」でもよいのです。自分を追い込むつもりで、これくらいスケールの大きい目標を公言しましょう。

1%でも可能性があれば実行する

誰もが無理だと思うことにも挑戦。壮大な目標がやる気をみなぎらせる。

他人を巻き込んで、自発的に動く環境をつくる

自分のためにではなく、誰かのために動く

みなさんは、誰のために仕事をしていますか？ 多くの人は、「自分のため」と答えるかもしれませんね。確かに、自分のためだと思えば、仕事も勉強も頑張ることができます。ですが、それだけでは頑張れない人もいますし、また、頑張れないときもあります。**自分のためだけではなく、ほかの誰かのために動くことも必要**なのです。

私は現在、子どもたちに法律を教える「法教育」という活動をしています。なぜこのような活動をしているかというと、私の信念である「子どもたちを加害者にも被害者に

もさせない」ためです。自分のためではなく、子どもたちを守りたいという思いで動くことは、私にとって大きな原動力になっています。

また、経営者としても、自分だけではなく、従業員、さらにその家族をも守るべき立場にあります。自分一人なら失敗しても自分のせいで済ませることができますが、経営者はそうはいきません。私が頑張らないと、従業員やその家族にまで迷惑がかかってしまいます。その意識が、私を奮い立たせています。

これは経営者に限ったことではありません。**家族や恋人など、自分以外の誰かを守るためなら、人は頑張ることができます。**

また、**人には、「褒められたい」「認められたい」という本能的な願望があります。**自分のためよりも、他人のために頑張っているほうが、周囲から「よくやっている」と評価されることが多いものです。**他人のために動くことで、自分の欲求も満たされる**のです。

さらに、**誰かのために頑張っていると、周囲にもその熱が伝染し、自分を助けてくれる**ようになります。まさに「情けは人のためならず」ですね。周りの力があれば、目標到達への道もグッと近くなります。

誰かのために動くには、まず、その「誰か」を明確にしましょう。基本的には、自分の愛する人、大切な人です。すぐに思いつかなければ、あえて組織のリーダーになり、後輩やほかのメンバーのために動かざるをえない環境に自分を追い込むのもいいでしょう。

リーダーにならなくても、仲間をつくることは大切です。その仲間を守らなくては、という意識が生じて頑張ることができますし、仲間のほうも同じ意識を持つので、お互いに助け合うことができます。

また、対象は「人」だけではなく、「もの」でもいいのです。自分が大切なもの、「宝物」を思い浮かべてください。

そして、その対象を守る、という意識を強く持つようにします。

このように、**誰かのために動くことは自分のやる気をアップさせ、継続させてくれま**

す。しかし、実はこれだけでは限界があります。ときには自分のために、自分の欲求を満たすために動くことも必要です。

世界で活躍してきた人たちも、自分の欲求を満たすと同時に、国のため、人のためにも動いてきています。あのナポレオンもそうですよね。

つまり、**自分のために頑張ることと、誰かのために頑張ることは、二者択一ではなく、どちらも必要なこと**なのです。**やる気を継続していくためには、車のギアチェンジのようなイメージで、その2つを切り替えながら動いていくのがいい**のです。

ライバルを仮想して、モチベーションを上げる

ヒーローが活躍する物語には、必ずといっていいほどライバルが登場します。

少年漫画を例に挙げると、『ドラゴンボール』の主人公・孫悟空のライバルは、ベジータです。『スラムダンク』なら桜木花道のライバルは流川楓、『北斗の拳』ならケンシロウに対してラオウがいます。

どのストーリーでも、ライバルは主人公を成長させる存在です。ライバルがいるからこそ、主人公はさらなる高みに到達できるのです。

現実世界も同じです。たった一人の戦いは、暗闇のなかでもがいているようなものです。自分が正しいのか、どちらに向かっているのかわからなくなるときさえあります。しかし、そこにライバルがいれば、道が照らされ、自分が今立っている場所がわかります。**相手を物差しにすることで、自分に足りないもの、あとどれくらい努力が必要なのかなどがわかり、やる気がみなぎってきます。**

ライバルは、身近な人、もしくは有名な人の2種類が考えられます。私は、相手の存在が大きければ大きいほど燃えるタイプですが、一般的には、自分の身近にいて、実力が拮抗しているか、少し上のレベルくらいの人のほうがいいでしょう。

「こいつにだけは負けたくない」「もうちょっとで追いつく」といった具体的な気持ちがわき上がるため、結果が出やすいのです。そして、常に相手を意識して進むことで、モチベーションはどんどん上がっていきます。

マラソンなどのレースを想像してみてください。

先頭を走る人は、背後から迫られ、いつ抜かれるかわからない不安にかられながら走っています。誰の姿も見えないため、孤独でもあります。2位以下の人は、1位の人の背中に追いつこうと必死で走ります。目標がはっきりしているので、心理的にラクですし、「負けたくない」「追い越してやる」という気持ちがエネルギーを生み出します。

一生懸命走ってライバルを追い抜いたら、そこでまた実力が拮抗しているか少し上のライバルを見つけ、頑張って走っていきましょう。このサイクルを繰り返していくと、さらに上へ、上へと進むことができます。

そして、ライバルとのレースは「楽しむ」ということが重要です。「負けたくない」という気持ちを持つことはもちろん大切ですが、それが嫉妬などネガティブな感情を引き起こしてしまうと、モチベーションは続きません。あくまで、「楽しい」と思う気持ちを大切にしてください。

私がまだ新米弁護士だった頃、ライバル視している同僚が2人いました。レベルが拮抗していたので、誰かが追い抜くと、ほかの誰かが追い抜き、またもう一人が追い抜く……というふうに、切磋琢磨しながら成長することができました。

事務所を経営するようになってからは、やはり同じようなレベルの事務所を意識しながら仕事をしています。

考えてみれば、人だけでなく、会社や国家でも同じです。同業のライバル会社があるからこそ各企業は技術を競い合ってきました。アメリカとロシアなど、国同士が競い合った結果、ＧＰＳ機能や宇宙開発などさまざまな分野の発展につながったのだといえるでしょう。

自分が進化し、成長し続けるためには、ライバルの存在は不可欠なのです。

人と比べて、自分の長所に自信を持つ

よく、「人と比べることは意味がない」と聞きます。本当にそうでしょうか。確かに結果に関係なく、自分だけが満足して終わったり、悲観的になってしまったりするのであれば、人と比べる必要はないかもしれません。しかし、**結果を出すためには、人と比べることは必要**です。**他人と比較して、人は初めて自分のことが客観視できる**からです。

「人と比べることは意味がある」のです。

まず、**人と比較することで、自分の「個性」が見えてきます**。相手と比べて、自分はどこが強みなのか、あるいは弱みなのかがわかります。自分の強みがわかれば、それを武器にして、どのような戦略を立てたらいいのかが明確になります。また、努力が足りない部分や方向性が間違っているところ、意識の足りないところなどもよく見えてきます。

そして、人と比較すると、自分のことだけでなく、他人のこともよくわかるようになります。他人を見ていてわかるのは、「完璧な人はいない」ということです。どんなエリートでも、すべてが100点満点の人など存在しません。また、成功している人ほど多くの失敗から学んできたこともわかります。

完璧にできないことを悔やんだり、数回の失敗で心が折れたりしている人こそ、あえて他人と自分を比較してみてください。

比べる相手は、ライバルとは違う視点で探しましょう。自分と実力が近い人ではなく、自分よりも優秀な人や先輩、あるいは本やテレビのなかの人物などがおすすめです。

比べるときには、自分の強みと弱み、また同時に相手の強みと弱みも探します。

つい、自分の弱みや欠点ばかり目につきがちですが、強み、長所を重点的に探すようにします。また、「弱み」だと思い込んでいたことが実は「強み」だったとわかることもあるかもしれません。弱点ばかり見つけず、強み、長所を伸ばしていくようにしましょう。**自分の長所に自信を持つことで、やる気が高まってきます。**

私の場合、自分の強みは「集客力」と「お金を稼ぐ力」だと思っています。弁護士としての実力はまだまだなところもありますが、人とお金を集めることは得意です。他人を巻き込んできたからこそ、今の立場を築くことができたといえるかもしれません。

これも自分の強みを伸ばし、活かしてきた結果です。

人と自分を比較したとき、とてもよくわかることがもう一つあります。それは、自分と相手との「違い」です。相手にあって自分にないものは何なのか、自分の方向性は正しいのか間違っているのか、しっかりと観察しましょう。そして足りないものを補うべく、軌道修正していくのです。

他人を通して自分を客観視することができると、今後どう進んでいくべきか、道が見えてきます。そして、モチベーションをどんどん高め、維持することができるのです。

欲求に忠実に動く

お金・異性・名誉など、欲求に忠実になる

「みなさんがいちばんやりたいことは何ですか?」

こう聞かれて、すぐに答えの出る人は少ないのではないでしょうか。実際、私はこれまで何人もの人にこの問いを投げかけてきましたが、即答できる人はほとんどいませんでした。

これは、多くの人が、自分の本心、欲求とちゃんと向き合っていないことを物語っています。目的意識がなく、漠然と勉強や仕事をしてしまっているのです。

しかし、自分でも何がしたいのかわからないまま続けていては、爆発的なエネルギーは絶対に生まれません。自分の本心、欲求と向き合っていないと、行動への動機付けが弱く、何事も中途半端になってしまいます。何のためにやっているのか、頑張っているのかがわからなくなり、迷走しがちです。目的意識を持っていても迷走してしまうことがあるくらいですから、それがなかったらなおさらです。

一方、**自分の本心、欲求と向き合っている人は、自分のやりたいことが明確です。目的意識がはっきりしているので、その目標に向かって、走り続けることができます。**

戦国時代、織田信長は「天下を取る」という壮大な野望を抱き、数々の大胆な行動を起こしてきました。比叡山延暦寺に火を放つなど、旧体制を壊し、何をも恐れず、前を向いて貪欲に進んでいったのは、すべて野望のため、ケタはずれの夢のためです。**常識では考えられないような行動力が生まれたのも、自分の欲求に忠実だったからこそなのです。**

信長のように、自分の欲求と向き合うと、爆発的なエネルギーが生まれます。そして、自然とやる気もわき出てきます。

まず、「自分は何をしたいのか?」と自分自身に問いかけてみてください。

たとえば「一流企業に就職したい」「会社を経営したい」など、何らかの欲求が出てくるでしょう。しかし、その欲求は、まだまだ表面的なものです。

次は、その欲求をさらに掘り下げてみてください。欲求の奥にある、もっとシンプルな欲求を突き止めるのです。

「お金が欲しい」「モテたい」

そんな欲求が出てきたのではないですか? これが、みなさんの本心、根源的な欲求です。この欲求は、シンプルであればあるほど、持続するエネルギーを生み出します。

シンプルな欲求は、みなさんの本能と結びついているため、ブレることがなく、夢へ向かう原動力になるからです。

爆発的なエネルギーを生み出すには、シンプルな欲求を具体化することも有効です。

「モテたい」なら誰にモテたいのか、誰とつき合いたいのか。「お金が欲しい」なら、いくら欲しいのかなど、具体的にイメージするのです。

具体的な欲求をさらけ出すなんて、恥ずかしいと思うかもしれません。ですが、体裁を気にしていては、エネルギーは生まれません。この欲求を認め、解放しないと、前進できないのです。

この際、きれいごとはすべて取り払って、自分の欲求を直視してください。

私が弁護士になりたいと思ったのは、「困っている人を助けたい」と思ったからでした。でも、司法試験の勉強を頑張ることができたのは、抽象的な信念だけではなく、「弁護士になりたい」という目標の奥にある「女性にモテたい」というシンプルな欲求に向き合っていたからです。弁護士になってからのシンプルな欲求は「もっと有名になりない」でした。その欲求があったおかげで、設立3年目にして事務所をかなり大きな規模にすることができました。そして、「アイドルや女優さんに会いたい」という欲求に従って、テレビに出演し、実際に会うことができました。常に自分の欲求と向き合い、夢をかなえてきたのです。

もちろん、今でも「困っている人を助けたい」という信念を持って仕事をしています。

ですが、その信念だけでは、やる気を持続するのに限界があります。「自分のために動く」ことと「誰かのために動く」ことが二者択一ではないのと同じように、確固とした信念を持ちながらも、シンプルな欲求に忠実になることで、爆発的なエネルギーを持続したまま進んでいくことが可能になるのです。

思いを常に言葉にしていく

自分のシンプルな欲求を突き止めることができましたか？

では、次のステップに移りましょう。

次は、その**欲求、夢を言葉にする**のです。

多くの人は、自分の夢を語ることを恐れます。

「実現しなかったら恥ずかしい」「人に話して批判されたら嫌だ」と、マイナスの感情が働き、夢を語ることをためらってしまいます。

しかし、それは間違っています。

夢を語ることこそ、その夢を実現する最短の道です。**自分の思いを言葉にすると、夢の実現力は一気に高まる**のです。

なぜなら、夢を語ると、まず、周りの人にみなさんの夢が何なのかが伝わります。言葉にしなかったら誰からも理解してもらえませんが、みなさんの夢が伝われば、それを応援してくれる人たちが出てきます。みなさんの夢を実現するために力を貸してくれる、いわば「応援部隊」です。これは、最強のバックアップチームといえます。

私の大好きな漫画『ＮＡＲＵＴＯ—ナルト—』の話をさせてください。

主人公・うずまきナルトは落ちこぼれの忍者ですが、里一番の忍者「火影」になると公言して頑張ります。

最初は、「落ちこぼれの忍者が火影になれるわけがない」と、みんなから笑われ、馬鹿にされます。それでもナルトは、「俺の忍道は、自分の言った言葉を曲げないことだ」

「火影になる！」ということを語り続けます。そのうち、ナルトを応援してくれる人が一人また一人と増えていきます。そして最後には、ナルトはついに火影になるのです。

漫画ではありますが、このように自分の夢を語ると、味方や仲間が助けてくれます。一人では小さな力かもしれませんが、多くの人たちに支えられて徐々に大きくなり、やがて爆発的な力となってみなさんを引き上げてくれます。これこそ、思いを言葉にする最大の効果です。

ただし、夢を語るときに気をつけなくてはいけないものがあります。

「ドリーム・クラッシャー」です。

文字通り、夢を壊す人、夢を台無しにしてしまう人たちのことです。

夢を語ると味方も現れますが、同時にドリーム・クラッシャーも出現します。

ドリーム・クラッシャーは、深く考えずに、みなさんの夢を批判したり、笑ったりします。相手は軽い気持ちで言っているつもりでも、言われた側にはズシンと響き、せっかくのやる気も失せてしまいます。

　夢を語るときに、一番の味方になってくれるのはたいてい家族ですが、実はドリーム・クラッシャーになりやすいのも家族です。よく親が謙遜して「うちの子はバカだから」と言ったりしますが、その言葉で子どもは傷ついてしまうことが多々あります。

　しかし、どんなにドリーム・クラッシャーが現れようと、**やはり夢を語ることは大切です。周囲に公言した以上、簡単には後戻りできないので、自分自身へのいい意味でのプレッシャーになります。**もし夢を実現できなかったり、サボっていたりしたら、周りから突っ込まれることもあるでしょう。それでは恥ずかしいので「頑張ろう！」という気持ちになり、その結果、モチベーションも高まるのです。

第5章

圧倒的に作業を短縮する時間術

「時間術」とは長時間の作業を精神的に短時間で行えるものである

「すべての人間は平等である」という説があります。

しかし、そうは言っても、現実的には多くのことが不平等です。生まれながらに財産を持っている人もいれば、格式の高い家柄に生まれた人、身体能力に優れた人など、個人個人に与えられているものは、決して平等とはいえません。

ただし、そのなかで、絶対的に平等なものがあります。

それは、**「時間」**です。

時間は、この世に生きている人すべてに公平に与えられた物差しといえます。すべての人に平等だからこそ、その使い方が重要なのです。使い方次第で、あらゆるものごとの結果が大きく変わってきます。

「なぜあの人は、短い時間で結果を出しているのか？」

「なぜあの人は仕事が早いのか？」
「なぜあの人はいつも定時に仕事を終わらせることができるのか？」

みなさんも、周囲の人を見て、このように思ったことがあるのではないでしょうか。

１日24時間という時間は同じなのに、結果に差が出てきてしまうのは、時間をいかに効率よく使うかという「時間術」にかかっています。

私自身も、弁護士でありながら経営者でもあり、メディアにも出演しているため、日々やらなくてはいけない仕事が山のようにあります。時間を上手に使わなくては、すべてをこなすことはできません。そこで私は、いくつかの時間術を編み出しました。ただ単に時間短縮をするだけでなく、超効率的に作業を行うための時間術です。

私が実践している時間術の秘訣は、以下の３つです。

まず、**「ラクしたい意識を持つ」**ことです。

「ラクしたい」と思うことは、決して悪いことではなく、むしろ人間の本能です。掃除機や洗濯機などの電化製品が生まれたのも、すべてこの「ラクしたい」という意識があったからです。

時間をかけて苦行のように取り組むことをやめ、ラクしたいという気持ちを極限まで膨らませると、作業にかける時間を短縮することができると同時に、より大きなパフォーマンスを生むことができます。


2つ目は、**「成功を習慣化する」**ことです。

最初の失敗は、どんな人にも大きなダメージを与えてしまいます。最初からハードルを上げず、成功できるレベルのことからコツコツやっていくのがポイントです。

一見遠回りに見えるかもしれませんが、最初に挫折してしまうと、立ち直るまでに時間がかかるので、こちらのほうが結果的に近道になります。そして、この小さな成功の積み重ねが、やがて大きな成功をつかむチャンスとなるのです。

成功が続けば、誰もがうれしく、楽しくなってきます。楽しいからこそ、また次のことに挑戦しようと意欲がわきます。このポジティブなサイクルが習慣になると、もっとラクに、時間をかけずに続けていくことができるのです。

3つ目は、**「集中力スイッチをつくる」**ことです。

同じ1時間でも、集中して作業したかどうかで、時間の密度は変わり、結果も大きく変わってきます。一流のスポーツ選手のような「超集中モード」に入ることは難しいかもしれませんが、それに近い精神状態をつくる「集中力スイッチ」を自分なりに持ち、いつでもその状態に入れるようにすることが肝心です。

このように、時間術を上手に利用することで、ほかの人に差をつけることができます。エリートに勝つことができるのです。

体感として10時間を1時間にすることも、不可能ではありません。

限りある時間を楽しく有効に使う

「ラクしたい」をベストにする

私の勉強法の発想は、これまでもお伝えしてきたように、「ラクしたい」という意識が根幹になっています。

しかし、世間では、「ラク」＝「いけないこと」「怠けている」というイメージが根強くあります。とくに世代が上になるにつれ、歯を食いしばり、真面目に長時間やることを美徳とする傾向にあります。

はっきりいって、時間をかけても結果を出せない「真面目」は、現代社会では役に立ちません。社会に出たら、「頑張ったから評価して」という言い訳は通用しないのです。頑張った過程が評価してもらえるのは、せいぜい義務教育の中学校までです。高校以降は、テストの成績や順位など、結果を出さないことには始まりません。どんなにきれいごとを言っても、それが真実です。**社会に出たら、とことん結果を追求する**べきなのです。

しかし、いったん社会に出ると、やらなくてはならないことがたくさんあります。仕事一つとっても、実務のほか、会議や事務連絡など、細々した作業に時間をとられます。とはいえ、仕事や勉強だけに時間を使ってしまうと、プライベートがまったくない「仕事人間」になってしまいます。それでは、充実した人生は望めず、「人間力」を磨くことができません。

やはり、仕事もプライベートもどちらも充実させてこそ、人間として成長できるのです。両方のバランスをとりながら、すべてをこなすためには、時間を効率的に使う以外に道はありません。

その**カギとなるのが、「ラクしたい」という意識**です。

効率を上げるために、いかにラクをするかをとことん考えるのです。それが、効率化のアイデアにつながります。

私は、会議などを行う前に、同席する人と個別に事前の打ち合わせをするようにしています。たとえば、「明日の会議でこういう意見を言うつもりだけれど、できれば賛成してほしい」と話しておくのです。

これは、いわゆる**「根回し」**です。

「根回し」というと聞こえは悪いかもしれませんが、合意や調整を目的とした交渉は、ネゴシエーションとも呼ばれ、ビジネスの現場でもよく使われています。事前に相手に情報を入れることにより、会議での無駄な論議をなくし、時間をかけずにラクして成果を上げることができます。

「ずるい」かもしれませんが、これもラクしたいという意識から生まれた**「効率化」**です。エリートなら、根回しをしなくても正攻法で勝負できるでしょう。しかし、それができないなら、このような手段も利用していくべきです。そうすることで、彼らを出し

根回しの極意

根回しはいわゆる「ほうれんそう」。
事前に行うことで仕事も効率的に。

抜くことができるのです。

ネゴシエーションや根回しと言われると、大変なことのように思うかもしれませんが、決して特別なことではありません。

ラクしたい意識から仕事の効率化を考えていくと、結局は日常的にやっている、いわゆる**「ほうれんそう（報告・連絡・相談）」**に行き着きます。とくに、**「相談」は、まさに根回しと同じ**ことです。

事前にきちんと報告・連絡・相談をするだけで、時間を短縮することができ、自身のパフォーマンスの向上にもつながっていくのです。

みなさんも、今自分がやっている方法を振り返り、「もっとラクな方法はないか？」と、探してみてください。

Ⓛ やることをつぶしていく楽しさを得る

みなさんは「プチプチ」というものをご存知かと思います。割れ物を包むための、あのクッションシートです。突起をつぶすと「プチッ」という音がするから、いつのまにか「プチプチ」と呼ばれたのでしょう。つぶしたときの感触が気持ちよくて、シートのすべてをつぶすまでやってしまったという経験は誰にでもあるのではないでしょうか。

これは、日頃の「やること」にも置き換えられます。

やることを一つひとつクリアしていくことは、とても気持ちがいいものです。

そして、その「やること」が明確であればあるほど、効率もよくなります。

やることが不明確なまま、行きあたりばったりで無計画に進めることは、はっきりいってとても非効率です。何をしたらいいか考え、立ち止まったり迷ったりして時間を無駄にしてしまいます。

社会に出た以上は、自分の進みたい道、進むべき道のルートを自分なりにつくり、長期的ビジョンと短期的ビジョンの両方を持って進んでいくことです。そうすることで無駄を減らし、時間を短縮できるのです。

具体的な方法に移りましょう。

まずは、自分の人生の「タイムスケジュール」をつくります。

自分の「したいこと」をはっきりと意識し、そこから逆算して何をすべきかを考えます。

次に、それを年、月、週、日の4段階に落とします。つまり、今年1年でやること、この1か月でやること、今週やること、今日やることを具体的にしていきます。これをスケジュール帳などにしっかり書き残しておきます。こうすることで、長期的にも短期的にもやるべきことが明確になります。

今日どこまでやればいいかわからない状況だと、いつ終わるかも読めず、ほかの予定も立てられません。今日やることがわかっていれば、それだけやってあとは明日やればいいのです。「18時まで仕事をしてそのあとは友達と会う約束をする」など、帰る時間もあらかじめ決められますし、精神的にも負担がありません。日本人は働きすぎと言われています。しかし、無駄な時間も多いといえます。そのためにも、日々のやるべきことを明確化すべきです。

そして、やることをやり終えたら、目に見えるかたちでつぶしていきます。

メモなどだったら、項目に線を引くのがいいでしょう。私の場合、やることのリストは、会社の業務システムに入力しています。項目の頭に、白い四角のアイコンを入れてあり、終わったら黒くして、つぶしていきます。これだけやり終えたというのが一目でわかり、快感と自信につながります。線を引いた部分、黒くした部分が、そのまま自分の歩いてきた道になります。

そういう意味では、その場その場のメモよりも、あとで振り返れるよう、パソコンやスマートフォンに残しておくことをおすすめします。「自分はこんなにやってきたんだ」と、達成感が得られるからです。

この**「達成感」こそ、やることをつぶしていくうえでの最大の効果**といっていいでしよう。

「やればこんなにできる」という気持ちが、どんどん自分のモチベーションを引き上げてくれます。子どもの頃、いつまでも「プチプチ」をつぶしていたように、つぶすことが楽しくなって、さらに続けていけるようになるのです。

同時に、ゴールへ向けて一歩一歩コマを進めていく「すごろく」のような楽しさもあります。

つぶすうえで、一つポイントがあります。

それは、**「ゆるくやる」**ということです。

たとえ、やることが全部できなくても、自分を責める必要はありません。厳しくしすぎるとつらくなってしまい、前に進めなくなってしまうからです。

私は、半分くらいできたときは、▲のアイコンをつけています。全部できなくても、半分でもやった自分を褒めてあげましょう。

それが、楽しく続けていくための秘訣でもあります。

人生の「タイムスケジュール」をつくろう

〈今年1年でやること〉

□事務所の売上を昨年の2倍以上にする

□事務所の人数を12人以上にする

■新しい会社をつくる

〈この1か月でやること〉

□新しい分野の開拓

□事務所の売上安定化の仕組みをつくる

▲事務所内全員面談

■書籍の執筆

〈今週やること〉

■HPの更新作業

■○○様起案&提出

■面談資料作成

□執筆作業

□吉田・三宅と旅行の件を調整

〈今日やること〉

■契約書2通作成

■○○社の顧問契約締結

■HP、FB更新作業

■河西Bと髙橋Bと事務所内会議

□はこれからやること。目標
■は終わったこと
▲は終わらなかったが手をつけたこと

年・月・週・日の4段階でやることを設定。つぶすと達成感が得られる。

小さなものからコツコツとやる

低いハードルから始め、小さな成功体験を積み重ねる

社会に出たばかりの新人に多いのですが、完璧にやろうとするあまり、すぐに挫折して心が折れてしまうことがあります。

そんな人たちに、私はこのように伝えたいです。

「今すぐ、完璧主義をやめましょう！」

完璧主義の人たちは、最初から高いハードルを設定し、それをクリアしようとします。

しかし、まだ知識も経験もないのに、いきなりできるわけがありません。

みなさんも、**まずは、低いハードルを設定する**ことからスタートしてください。心構えとして大切なのは**「ベストよりもベターを目指す」**ことです。ベストを目指すのは悪いことではありませんが、最初からベストを目指すより、昨日の自分より少しずつベターになっていくことを優先しましょう。

ベターを積み重ね、徐々にハードルを上げていけば、最終的にはベストにたどり着きます。いきなりハードルを上げるよりも精神的な負担がなく、無駄な時間を費やすこともなく結果が出せるのです。

つまり、**できないことをいきなりやるのではなく、できることだけをコツコツと積み重ねる**のです。

「コツコツ」という言葉は、私がこれまで提唱してきた「ずるい勉強法」のイメージとは結びつかないかもしれませんね。

ところが、そうではないのです。ハードルの低いことをコツコツ続け、小さな成功体験を重ねていくことが、やがて大きな波になって大きな結果に結びつきます。これも結局は、ラクして短い時間で結果を出す、ずるいやり方なのです。

ここで重要なのは、「大きな結果を引き寄せる」ことです。ただコツコツと成功体験を積み重ねるだけでなく、積み重ねることによって大きな結果を生み出せるような環境をつくるのです。

野球にたとえると、読売ジャイアンツの長嶋監督と松井選手の話が思い出されます。ボールを打たない素振りを調子がいいときも悪いときも、通常の練習とは別に続けたそうです。その日、試合に結果が出れば、素振りにも意味が出てきます。コツコツやるのもすべては、ジャイアンツを代表するバッターになるためです。

では、小さな成功体験を大きな成果に結びつけていくための具体的なステップを説明しましょう。

まずはとにかく「小さな成功体験をする」ことです。低いハードルを設定し、それを成功させます。大切なのは、「楽しい感情と結びつける」ことです。成功しても、楽しいと思えなければ続きません。次につなげるためにも、ワクワクドキドキしながら、楽しんでやりましょう。

次は、この成功体験を習慣化していきます。小さなことでも、1日1回は「成功した！」と思えるようなことがあると、自信につながり、持続しやすくなります。

ただし、過度な自信は禁物です。自信過剰は成長をはばみます。人も離れていってしまいます。謙虚でいることがポイントです。

そして、最終ステップは「人から評価される」ことです。誰かに褒められると、人はうれしいものです。「もっと褒められたい」と頑張るようになるので、さらに成功を生み出していきます。

評価されると、周囲の期待も高まります。「この仕事を任せよう」「次のプロジェクトのメンバーにしよう」などと上司に思われるようになれば、出世にかかる時間も、ギュッと短くできます。

人から評価されるためには、自らアピールすることも大切です。どんなにいいパフォーマンスをしても、人に気づいてもらえなければ意味がありません。

とはいえ、自分で自分の成功をストレートに話すのは、嫌味になってしまいます。おしゃべりな人にそれとなく話し、周囲に伝わるようにするなど、工夫が必要です。先ほど「謙虚でいることがポイント」とお話ししましたが、謙虚な姿勢でいると、ほかの人がアピールしてくれる可能性も高くなります。

周囲の力を上手に借りつつ、チャンスをものにしていきましょう。

Ⓛ できることしかしない

小さな成功体験を積み重ねることも、「できることしかしない」の一つですが、ここで紹介するのはそれとはまた別な方法です。

できることしかやらず、できないことは人に任せるのです。

これこそ、究極のずるい方法といえます。

多くの人は、一から十まで全部自分でやろうとします。もちろん、できるならそれに越したことはありませんが、あまりに時間がかかり、非効率な作業です。正直な話、万能な人間はいません。全部できると思っても、そのなかに得意なこと、不得意なことが必ずあります。

「できる人がいるなら任せたほうがいい」と頭ではわかっている人もいます。しかし、人にどう任せていいのか、そのやり方をちゃんと把握していないため、結局自分でやることになり、やはり時間がかかってしまいます。

自分にできないことは人に任せたほうが、圧倒的に効率的です。短い時間で成功することができ、なおかつその成果をすべて自分のものにできます。

「ランチェスター戦略」という経営戦略があります。

何でもやるのではなく、一つの分野を決めて「一点突破する」戦略です。最初から手を広げすぎず、一点に集中し、突破してから広げたほうが効率がよい、というものです。この発想に従うならば、**自分は得意な分野に集中し、ほかの分野は人に任せたほうが結果を出せる**のです。

経営者や実業家は、すべて自分一人でやっているわけではありません。また、すべてをやる必要もありません。優秀なブレーンや部下を使い、任せられる分野は任せています。近年急成長した中国のオンライン取引サービス会社「アリババ」の創業者であるジャック・マー氏も、実はインターネット関連の知識はほとんど持っていないと聞きました。経営のノウハウ以外のことは人に任せているのです。

人に任せることは、作業の効率化にもつながりますが、もう一つ、大きな収穫があります。それは、その**人のスキルを「盗める」**ことです。

ただ任せるだけでなく、その相手がどのようなやり方でやるのかを観察するのです。自分の苦手な分野を任せた場合、ノウハウを真似て自分のものにすることができます。仕事をしてもらいながら、学びを得て、結果も出せる。まさに、一石二鳥ならぬ「一石三鳥」といえるでしょう。

Ⓛ 常に新しい工夫をする

第2章や第3章で、「自分で考えず、知識や経験を本や人から盗む」ことを提唱してきました。この項では、「新しい工夫」をして、盗んだことをさらにバージョンアップさせる方法をお伝えします。

私が言う「新しい工夫」とは、自分で一からアイデアを考え出すことではありません。**本や人から得てきた知識や経験、ノウハウを自分なりに工夫して掛け合わせることによって時間を短縮し、さらに効果を10倍、20倍にもする**ことです。

これまでやってきたことが「足し算」だとしたら、これは、いわば**「掛け算」**です。**複数のノウハウの「いいとこ取り」をして組み合わせる**のです。

実際に私がやっている「新しい工夫」をお話ししましょう。

第1章でも少し紹介しましたが、「仕事ができる人、結果を出す人は、朝型の生活をしている人が多い」というよく知られた説があります。

私は早起きが苦手だったので、これを聞いて朝早く起きることを習慣にしようと思ったところ、睡眠に関する複数の本のなかに、朝すっきりと起きるための秘訣として「自然の光で起きるのが望ましい」「レム睡眠とノンレム睡眠を意識する」と書かれていました。また、ある経営者からは、「朝、シャワーを浴びるといい」という話も聞きました。

そこで私は、「朝早く起きる」ことにこれらの3つの要素を掛け合わせてみました。

まず、自然光で起きられるようにカーテンを少し開けて寝るようにしました。そうすると、ちょうど自分の顔の部分に朝の光が当たるので、自然と目が覚めます。

レム睡眠とノンレム睡眠は約90分ごとに交互に訪れ、眠りの浅いレム睡眠のときに目覚めるといいとされているので、そのタイミングで起きるよう時間を考えて就寝するようにしました。そして起きたあとにシャワーを浴びると、本当にすっきり目が覚めます。


このような単純な組み合わせでじゅうぶんです。

新しい工夫をするためには、自分のやっている方法を振り返ることから始めましょう。

今のやり方に満足せず、常に「もっと効率的なやり方はないか？」「効果が絶大な方法はないか？」と、日々考えてみてください。

そして、これまで学んだことのなかから「これとこれを組み合わせるといいかも」と思うものを試していきます。

ポイントとなるのは、**「時間」「人」「もの」**の、3つの要素です。このなかから、自分なりの掛け算をするのです。

先ほど私が紹介した実践例でいうと、「朝型の生活」は、「時間」の要素です。そこに、自然光、シャワーなど「もの」の要素を掛け合わせ、さらに効果を高めています。

また、移動時間を利用して部下への指示を考えるのは、「時間」×「人」です。「人」の要素には、考え方や思考方法も含まれます。このほか、「時間」×「時間」のように、同じ要素を組み合わせるのもいいでしょう。3つの要素を自由に組み合わせれば、工夫の方法は無限大にあります。

たとえ小さな工夫でも、**常に新しい方法を探ることが重要**です。

なぜなら、それは、まだ誰もやっていない、この世に出ていない方法だからです。それを知っていれば、ほかの人よりも一歩先へ行くことができます。

そして、**新しい工夫は、「新しい時間」を生み出します**。10日かかっていたことが1日で、1年かかっていたことが1か月でできた……というように、何倍ものスピードアップが可能です。自分自身も、加速度的に成長できるのです。

精神状態を活用する

短い時間で全力疾走する

子どもの頃、「1時間でも多く勉強しろ」と親や先生から言われたものですが、社会人になってからも、上司や先輩から「定時で帰るな、1時間でも長く働け」と言われることがあります。

しかし、時間をかければ結果が出るわけではありません。たとえ結果が出たとしても、時間がかかっている以上、非効率的です。むしろ、短い時間で結果を出し、残った時間でほかのことをしたほうが、ずっと効率的といえます。

短い時間で結果を出すには、すべてにおいて時間制限、つまり、デッドラインを設けることです。当たり前のことですが、ダラダラとやってはいけません。限られた時間のなかで全力疾走し、時間内に終わらせるようにするのです。

勉強でも仕事でも「この時間までにやる」「1時間でやる」と、決めてやるのです。私も仕事や勉強をするときには、タイムをはかるか、時間制限を設けるようにしています。

ある会社では、利益を生むために社員に残業を課していましたが、社員も会社も疲弊してしまい、定時で仕事を終わらせるシステムに変更しました。結果は、残業をしていたときよりも定時で終わらせたほうがよかったそうです。これも、時間が短くなったぶん、集中して仕事をした成果といえます。

近年、朝早く出勤して早めに仕事を終わらせることが省庁や企業で推奨されていますが、実際にはむしろ残業が増え、労働時間が長くなってしまっているのが現状のようです。どんなに朝型の生活が有効でも、時間を区切らないと人はダラダラと仕事をしてしまうのです。

全力疾走する際には、ただ時間を制限するだけではなく、「目標」をしっかり持つことが大事です。試験勉強なら「赤点を取らない」、仕事なら「15時までにこの資料を作成する」など、はっきりとした具体的な目標を設定しましょう。目的意識があるかないかで、そこに向かう「真剣さ」が変わってきます。それは、結果をも大きく左右します。

さらに、**目標を達成するためには、あえてほかの予定を入れると効果的**です。

ほかの予定を入れず、勉強や仕事に集中すべきだと言う人もいますが、私は逆だと考えます。ほかにやることをたくさんつくったほうが効率は断然よくなります。自分を追い込むことによってパワーが生まれるからです。

やらなくてはいけないことがあるときほど、遊びの予定を入れましょう。

たとえば、「遊びの予定があるから勉強は明日に回す」のではなく、「遊びの予定があるから、その時間までに勉強を終わらせる」のです。そうすると、限られた時間のなかで頑張るため、時間の濃度がグッと濃くなります。そして、勉強をやり終えたとき、「達成感」と「解放感」が得られます。遊んでいる最中も、やり残したことがないので、よりいっそう楽しむことができます。その満足感から翌日も「また勉強を頑張ろう！」という気持ちになります。プラスのループが続くのです。

このように、**短い時間で全力疾走すれば、勉強も遊びも、100%のパワーで全力投球することができます。**

「勉強するときは勉強し、遊ぶときは遊ぶ」の精神で、どちらも思い切り楽しんでください。

L ゾーンで10倍トクをする

本章の冒頭でお話しした通り、時間はすべての人間に絶対的に平等なものです。

しかし、自分の精神状態一つで、その時間を濃密にすることができます。同じ時間でも濃度を上げれば、1時間を10時間に感じられるようにすることが可能です。

「ゾーン」という言葉を聞いたことがありますか？

一流のスポーツ選手が試合中などに入る「超集中モード」のことです。集中力が極度に高く、脳も活発に動いているため、圧倒的な結果を出しやすいと言われています。

ゾーンに入った野球選手やテニス選手は、ボールが止まって見えるといいます。私もかつてテニスをしていて、一度だけボールが止まって見えたときがありました。本当は、1秒にも満たない時間だと思うのですが、超集中状態では、時間の感覚がまったく違うのです。

勉強においても、この超集中状態である「ゾーン」に入ることが必要なのです。

そうはいっても、ほとんどの人が「集中なんて無理」「集中できないから苦労しているんだ！」と思うかもしれません。

もちろん、一流のアスリートと同じ状態になるのは難しいことですが、それに近い状態になることはできます。

そのような「ゾーン」に入るには、どうしたらいいのでしょうか。

必要なのは、**「集中力スイッチ」**です。

ポンと押しさえすれば、超集中モードに入ることができるスイッチをつくるのです。
超集中モードに入るために私が使っている「集中力スイッチ」は、以下の通りです。

1　漫画のワンシーンを見る
2　映画を観る
3　音楽を聴く
4　趣味を楽しむ
5　好きなものを食べる
6　法律論を考える
7　自分の将来を考える
8　好きな人、大切な人を思い浮かべる
9　自分のやりたいことをする
10　自分の限界にチャレンジする

これらに共通しているのは、**「ワクワクドキドキ」するような高揚感**です。楽しいことをしていると、時間はあっという間に過ぎていきますよね。実は、それが「超集中モード」なのです。私のように漫画を読むことや、音楽を聴くことが好きな人は、時間を忘れて没頭した経験があるはずです。知らず知らずのうちに、超集中モードを経験しているのです。

みなさんも、自分がワクワクドキドキするようなことを書き出してみてください。そのなかに、みなさんの「集中力スイッチ」がきっとあるはずです。それらを使えば、超集中モードに入ることができます。

私は、仕事に集中したいときに音楽を聴きます。集中するときに聴く音楽をあらかじめ決めているので、それを聴けば簡単に超集中モードに入れます。自分のセミナーの前には、必ず好きなドラマのワンシーンを見てから臨みます。大事な仕事の前だからこそ、自分の欲求と向き合い、ワクワクドキドキすることでテンションを上げていきます。

外出先など、音楽を聴いたり動画を見たりできない環境の場合は、スマートフォンに保存してある、家族や恋人など大切な人の写真や好きな漫画のワンシーンの画像を見て、気持ちを鼓舞するようにしています。

「これさえやれば集中できる！」というスイッチを自分で把握しておくことが大切です。これは、スポーツ選手が試合前に必ず行う一定の動作、いわゆる**「ルーティン」**とも共通しています。

自分なりの「集中力スイッチ」をつくり、超集中モードに入ることを習慣化することで、確実に時間の濃度は変わります。10時間を1時間に短縮し、10年分の成果を1年で達成することもできます。それは、超集中モードを知らない人たちよりもはるかにトクなことなのです。

結果を出せば、周りの評価も環境もプラスへと転じていきます。それに伴って、もっと大きな結果を出せるようになります。成功へのループが無限大に続いていくのです。

おわりに

「ラクして結果を出すためにはどうしたらいいのか？」「エリートに勝つためにはどのように頑張ればいいのか？」「もっとラクして効率よく働けないのか？」「もっと稼ぐためにはどうしたらいいのか？」「ワーク・ライフ・バランスを保つにはどうしたらいいのか？」「どのように子どもに勉強などを教えたらいいのか？」など、現代人の多くの方々の悩みを解決し、社会において効率的かつ圧倒的な結果を出すためには、どうしたらいいのかを示すのが本書の狙いです。

少し前、学校でも社会でもやみくもに「考える力」が大事だと言われていました。しかし、そもそも最初から「考える力」を身につけられるのであれば誰も苦労はしません。多くの方々は「考えなくてはいけない」と強く思い込みすぎて、どんなに時間をかけても、なかなか結果を出せず、人生の複雑な迷路に迷い込んでしまっています。

また、はっきり言えば、間違った努力をしている限りは、迷路から抜け出すこともできません。

しかし、そんな人生の複雑な迷路に迷い込まず、もっと効率的にゴール（目標）に到達する方法があります。本書では、効率的にゴールに到達する方法として、「考える力」を身につける前に、「人」から「本」から先人たちや成功者たちの知識や経験、ノウハウを得て、それらを真似て、それらを活かすことを勧めています。

「真似る」と聞くと、「え？ それってずるいんじゃやない？」と思うかもしれません。けれども、孫子や徳川家康、ナポレオンなど歴史上の人物から現代の経営者まで、結果を出している方々の大半は、歴史や先人たちの知識や経験、ノウハウを真似て（しっかりと学び）、自分のものにし、そこからオリジナリティを発揮し、圧倒的な結果を出したといわれています。古い言葉でいうのであれば「守破離」も同じ発想です。

私は、世の中にある素晴らしいノウハウなどを、自分の考えや下手なプライドを捨てて、どんどん真似ればいいと思っています。なぜなら、最初から自分の頭で考えずに、いいノウハウを真似れば、失敗するリスクを限りなく抑えながら、圧倒的にラクをしながら成功する可能性がグッと高まるからです。

最初から「自分で考える」より何百倍も速く、そしてラクに結果を出すことができます。まさに拙著『ずるい暗記術』と同じように、「答え」から暗記する方法と一緒です。

そういった意味では、試験勉強も社会での結果を出すための勉強方法も変わりません。むしろ社会人になってからの人生が長いことを考えると、社会でのほうがこの方法は何倍も何十倍も役に立ちます。

短い時間で、何百人という優秀な人間の知識や経験、ノウハウを手に入れられることを想像してみてください。すごいことになりませんか？　想像しただけでワクワクしませんか？

私のモットーの一つとして「笑顔で生き、笑顔で死ぬ」というのがあります。これは、2011年の東日本大震災で大切な人たちを亡くしたときから、私のモットーになっています。

現代では「働きすぎ」や「過労死」が社会問題となっています。安倍内閣でも「働き方改革」を推進しています。社会では、たえず競争があり、常に結果が求められます。これはどのような世の中になっても変わることがありません。「頑張った過程」はいっさい評価されず、「結果」のみが強く求められ、「結果」を出した人間だけが評価されます。

でも、私は、このような世の中だからこそ、「笑顔」や「自分の時間」「家族の時間」を大事しながら、もっと効率的にラクしてズルして結果を出すことを考えてもいいと思うのです。もちろん頑張ること自体は否定しません。しかし、もっと「効率的に頑張る方法」があります。周りも自分も幸せにする「努力」があります。時間はすべての人間にとって平等です。だからこそ、限られた時間で、自分も周りも幸せに生きるために「効率的に時間を使うべき」です。お金では手に入らないものも大事にすべきです。

本書は、子どもから大人まで幅広い年代の方が真似て実践できる内容になっています。ぜひ本書を読んで、自分のためにも、大切な人のためにも、社会のなかで「結果」を出してください。

最後になりましたが、今回の打ち合わせの際にも、２０１５年9月に拙著『ずるい暗記術』を出版したときと同様に叱られ続け、叱られた回数を忘れたくらいかなりの叱咤激励がありましたが、今や親友ともいっていいくらい世界で最もかつ全幅の信頼を寄せている編集者武井康一郎さん、叱られている私を支えて頂きながらも、私の言葉を美しくまとめてくださったライターの狩野南さんには、心から感謝を申し上げます。二人がいなかったら、この本は出来上がらなかったでしょう。

本書が読者のみなさんの笑顔の助けになれば、著者としてこれ以上にうれしいことはありません。

２０１６年11月

佐藤大和

参考文献

＊『ビジネススクールでは学べない世界最先端の経営学』入山章栄著、日経BP社
＊『僕はミドリムシで世界を救うことに決めました。』出雲充著、ダイヤモンド社
＊『「空腹」が人を健康にする』南雲吉則著、サンマーク出版
＊『佐藤可士和の打ち合わせ』佐藤可士和著、ダイヤモンド社
＊『超訳韓非子　リーダーの教科書』許成準著、彩図社
＊『すごい人脈！』中島孝志著、マガジンハウス
＊『一瞬で「本音」を聞き出す技術』井上公造著、ダイヤモンド社
＊『一瞬でYESを引き出す心理戦略。』DaiGo著、ダイヤモンド社
＊『ニーチェ全集〈11〉善悪の彼岸 道徳の系譜』フリードリッヒ・ニーチェ著、筑摩書房
＊『世界を動かすリーダーは何を学び、どう考え、何をしてきたのか？』D・マイケル・リンゼイ＋M・G・ヘイガー著　バートン久美子訳、日本実業出版社
＊『超訳　孫子の兵法「最後に勝つ人」の絶対ルール』田口佳史著、三笠書房
＊『最強経営者の思考法』嶋聡著、飛鳥新社
＊『やり抜く力』アンジェラ・ダックワース著　神崎朗子訳、ダイヤモンド社
＊『超訳　吉田松陰語録』齋藤孝著、キノブックス
＊『NASAより宇宙に近い町工場』植松努著、ディスカヴァー・トゥエンティワン
＊『超一流アスリートのマインドを身につけてあなたのゴールを達成する！』菊池教泰著、開拓社
＊『あなたの1日は27時間になる。』木村聡子著、ダイヤモンド社
＊『まんがで身につくランチェスター戦略』名和田竜著　深夜ジュンまんが、あさ出版
＊『すごい結果を出す人の「巻き込む」技術』桑畑幸博著、大和出版

［著者］
佐藤大和（さとう・やまと）
レイ法律事務所代表弁護士（東京弁護士会所属）
1983年生まれ。宮城県石巻市出身。高校時代、模試では偏差値30のダントツビリで落ちこぼれ。大学生になってから勉強に目覚め、2009年の司法試験に1回目で合格（民事系科目は上位5％以内で合格）。11年、弁護士となり、大手法律事務所を経て、14年4月、レイ法律事務所を設立。経営者弁護士として、2016年1月には国内の法律事務所でTOP5％以内の事務所規模に成長させる。TBS「あさチャン！」、フジテレビ「バイキング」のコメンテーターのほか、NHK Eテレ「Rの法則」などに出演。フジテレビ「リーガルハイ」、テレビ朝日「グッドパートナー　無敵の弁護士」、日本テレビ「ヒガンバナ～警視庁捜査七課～」など数多くの人気ドラマの法的監修も手掛ける。15年9月には『ずるい暗記術　偏差値30から司法試験に一発合格できた勉強法』（ダイヤモンド社）を出版し、ニューヨークタイムズ、スウェーデンの新聞社など海外からも取材を受けるマルチ弁護士として活躍中。

ずるい勉強法
エリートを出し抜くたった1つの方法

2016年11月17日　第1刷発行

著　者——佐藤大和
発行所——ダイヤモンド社
〒150-8409　東京都渋谷区神宮前 6-12-17
http://www.diamond.co.jp/
電話／03･5778･7232（編集）03･5778･7240（販売）
装丁——重原隆
本文デザイン——大谷昌稔
編集協力——狩野南
製作進行——ダイヤモンド・グラフィック社
印刷——堀内印刷所（本文）・加藤文明社（カバー）
製本——本間製本
編集担当——武井康一郎

© 2016 Yamato Sato
ISBN 978-4-478-10128-5
落丁・乱丁本はお手数ですが小社営業局宛にお送りください。送料小社負担にてお取替えいたします。但し、古書店で購入されたものについてはお取替えできません。
無断転載・複製を禁ず
Printed in Japan

◆ダイヤモンド社の本◆

「理解」も「ノート」もいらない!
ラクしてダイエットするような勉強法

問題を理解せずにひたすら答えを見て、思い出す作業を仕組み化すれば、ラクして覚えられる！　正しい勉強法は「答えを見る→問題を見る→参考書を読む」です。「答え」が存在する試験なら、効率的に結果が出る独学の勉強法！

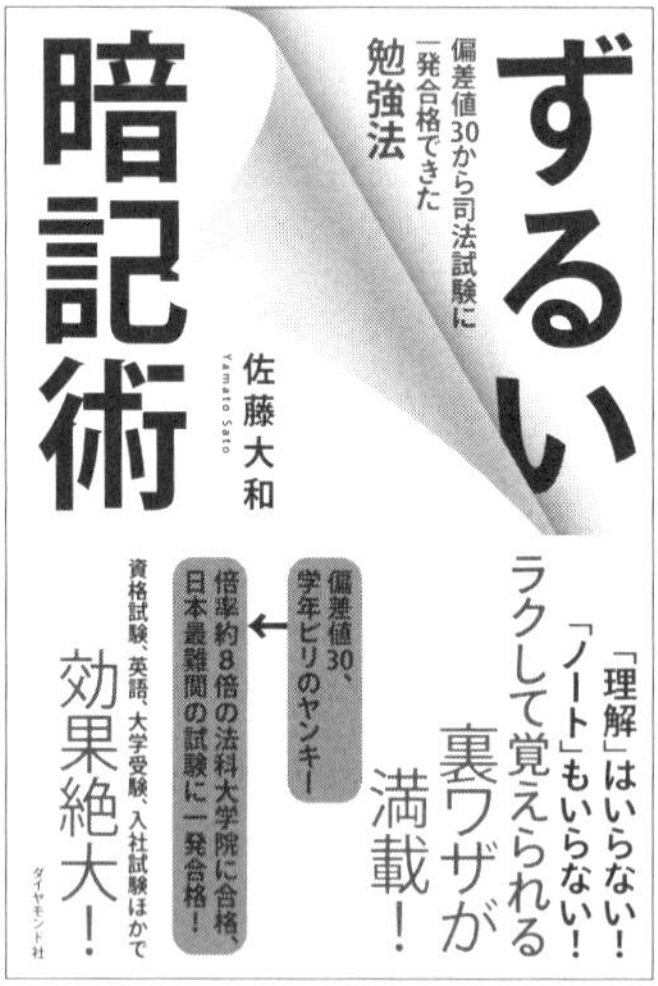

ずるい暗記術

偏差値30から司法試験に一発合格できた勉強法

佐藤大和［著］

●四六判並製●定価（本体1400円＋税）

http://www.diamond.co.jp/